# كتاب الطبخ الأحاسيس الزعفران

## 100 وصفة للاحتفال بالتوابل العطرية والغريبة

مي يصقلا انلا

# جدول المحتويات

# مقدمة

**ما هو الزعفران؟**

الزعفران هو نوع من التوابل المشتقة من زهرة Crocus sativus ، والمعروفة باسم "الزعفران الزعفران". يتم جمع وصمة العار والأنماط القرمزية الزاهية ، والتي تسمى الخيوط ، وتجفيفها لاستخدامها بشكل أساسي كعامل توابل وتلوين في الطعام. يحتوي الزعفران على مواد كيميائية قد تغير الحالة المزاجية وتقتل الخلايا السرطانية وتقلل التورم وتعمل كمضادات الأكسدة.

**ما هي فوائد الزعفران؟**

- **تعزيز مضادات الأكسدة**-الزعفران ، مثل العديد من الأعشاب والنباتات الأخرى ، غني بمضادات الأكسدة. تساعد هذه المواد في محاربة تلف الخلايا وقد تمنع السرطان أو أمراض أخرى. أظهرت الأبحاث أيضًا أن مضادات الأكسدة الموجودة في الزعفران قد تكون صحية للدماغ والجهاز العصبي.
- **مخفف الدورة الشهرية**- يمكن أن تسبب متلازمة ما قبل الحيض (PMS) مجموعة متنوعة من الأعراض ، من آلام الحوض إلى ظهور حب الشباب. بالنسبة للعديد من الأشخاص ، تؤثر متلازمة ما قبل الدورة الشهرية على صحتهم العقلية ، مما يتسبب في القلق والاكتئاب وتقلب المزاج. وجدت بعض الدراسات البحثية الصغيرة أن الزعفران يمكن أن يحسن الاكتئاب المرتبط بـ PMS.
- **يساعد على فقدان الوزن**-يمكن أن يكون فقدان الوزن صعبًا ، خاصةً عندما يبدو أن شهيتك تعمل ضدك. وجدت إحدى الدراسات التي أجريت على مجموعة من النساء أن تناول الزعفران ساعدهن على الشعور بجوع أقل وتناول وجبات خفيفة بشكل أقل.
- **علاج النوبات**- يستخدم الزعفران كمضاد للاختلاج (مضاد للتشنج) في الطب الشعبي الإيراني. تظهر بعض الدراسات في النماذج البيولوجية أنه يمكن تقصير بعض أنواع النوبات.
- **علاج الضعف الجنسي**- ضعف الانتصاب ، القدرة على الحفاظ على الانتصاب ، يؤثر على الملايين. ويمكن أن يكون الزعفران علاجًا للضعف الجنسي ، وفقًا لبعض الأبحاث.
- **علاج مرض الزهايمر**- يمكن أن يكون الزعفران بنفس فعالية الأدوية الموصوفة لعلاج مرض الزهايمر الخفيف إلى المتوسط. لا يوجد علاج لمرض الزهايمر ، ولكن تشير الدراسات إلى أن الزعفران يمكن أن يساعد في إبطاء تقدمه وتخفيف الأعراض.

● **علاج الاكتئاب**- الاكتئاب هو اضطراب في الصحة العقلية يؤثر على ملايين الأشخاص في جميع أنحاء العالم. قد يشمل العلاج أنواعًا مختلفة من العلاج أو الأدوية. تظهر بعض الدراسات أن تناول الزعفران يمكن أن يساعد في علاج أعراض الاكتئاب.

### طريقة استعمال الزعفران

انقع القليل من الخيوط في الماء الساخن لعمل شاي الزعفران ، أو اخلط السائل في أطباق مالحة للحصول على نكهة. يمكنك أيضًا شراء كبسولات الزعفران لابتلاعها إذا كنت لا تحب النكهة.

# راطفإ

1. <u>شكشوكة زعفران وطماطم</u>

يجعل: 6 حصص

مكونات:

- 1 ملعقة طعام زيت زيتون
- ½ بصل أصفر مقطع ناعماً
- 4 فصوص ثوم مفرومة خشنًا
- 1 لتر طماطم كرزية مقطعة إلى نصفين
- 1 ملعقة كبيرة معجون طماطم
- نصف ملعقة صغيرة كمون مطحون
- ملعقة صغيرة كزبرة مطحونة
- رشة من خيوط الزعفران ما مجموعه 10-15 خيوط
- 2-4 ملاعق كبيرة ماء
- 6 بيضات
- 4 بصل أخضر مفروم
- نصف كوب كزبرة مفرومة
- كوب جبنة فيتا مفتتة
- ملح كوشير وفلفل أسود طازج

**تعليمات:**

☑ سخني الزيت في مقلاة كبيرة مقاس 10 بوصات على نار متوسطة إلى عالية ، ثم أضيفي البصل واقليه لمدة 5 دقائق.

☑ يضاف الثوم والطماطم ومعجون الطماطم والتوابل ويتبل بالملح والفلفل. غطي المزيج واطهيه لمدة 5 دقائق مع التحريك حتى المنتصف. انزع الغطاء وحركه في الماء.

☑ واحدة تلو الأخرى تصنع حفرة صغيرة في صلصة الطماطم وتكسر بيضة فيها ، وتكرر مع البيض المتبقي. اخفض الحرارة إلى متوسطة ثم غطيها لمدة 3-5 دقائق.

☑ تحقق من البيض لمعرفة ما إذا كان قد نضج حسب رغبتك ثم زينه بالبصل الأخضر والكزبرة والفيتا والملح الإضافي والفلفل حسب الحاجة. قدميها على الفور.

## 2. كريب الزعفران

يصنع: 12 قطعة من الكريب بطول ثمانية بوصات

مكونات:
● 2 رشة زعفران
● 2 بيض
● نصف كوب حليب
● نصف كوب ماء
● نصف ملعقة صغيرة ملح
● 2 إلى 3 ملاعق كبيرة من الزبدة المذابة أو زيت الزيتون الخفيف
● 1 كوب دقيق غير مبيض
● 3-4 أوراق ريحان مقطعة إلى شرائح رفيعة

تعليمات:
☑ غطي خيوط الزعفران بملعقة من الماء الساخن في وعاء صغير. اجلس جانبا.
☑ يُمزج البيض والحليب ونصف كوب ماء وملح وزبدة ودقيق في الخلاط. عملية لفترة وجيزة وكشط أسفل الجانبين. العملية لمدة 10 ثوانٍ أطول. تصب في وعاء كبير. يقلب في الزعفران والريحان.
☑ اتركيه يرتاح ، مغطى ، لمدة ساعة أو أكثر. اصنع الكريب في مقلاة كريب باتباع إرشادات الشركة المصنعة.
☑ لتحضير الخليط باليد ، غطي خيوط الزعفران بملعقة من الماء الساخن في وعاء صغير. اجلس جانبا.
☑ يخفق البيض برفق في وعاء كبير. قلّب الحليب أو نصف كوب ماء أو ملح أو زبدة أو زيت زيتون خفيف. خفقت في الدقيق. يقلب فقط بما يكفي للجمع بين المكونات: وتوتر.
☑ يقلب في الزعفران والريحان. دعها ترتاح لمدة 30 دقيقة. اصنع الكريب في مقلاة كريب.
☑ رص الكريب للاحتفاظ به دافئًا أو تحضيره مسبقًا ، ولفه بورق قصدير ، وخزنه في الثلاجة. إعادة تسخين ملفوفة بورق ، في الفرن.

## 3. دقيق الشوفان بالزعفران

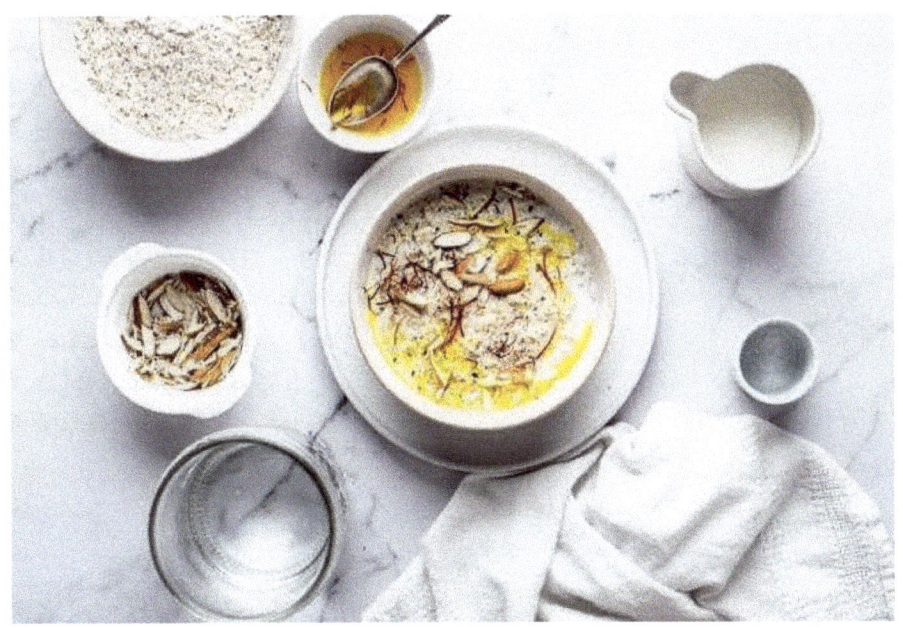

يجعل: 2 حصص

مكونات:
- 1 ملاعق كبيرة من خيوط الزعفران ، مقسمة
- 2 ملاعق كبيرة ماء ساخن
- 2 كوب شوفان ملفوف خالي من الغلوتين ، إذا لزم الأمر
- 1 كوب + 1 ملعقة كبيرة من حليب اللوز غير المحلى ، مقسم
- 1 كوب ماء
- نصف ملعقة صغيرة جوزة الطيب
- نصف ملعقة صغيرة من بودرة الهال
- شراب القيقب (اختياري)
- 2 ملعقة صغيرة لوز مقطع

تعليمات:
☑ امزج خيوط الزعفران مع الماء الساخن في وعاء أو كوب واتركه ينقع. 1 ملعقة كبيرة احتياطي.

☑ يُمزج الشوفان الملفوف مع كوب من حليب اللوز والماء وجوزة الطيب ومسحوق الهال وماء الزعفران في وعاء. إذا كنت ترغب في ذلك ، أضف شراب القيقب. الميكروويف لمدة 2-3 دقائق.

☑ يُمزج المزيج بملعقة ويُضاف خيوط الزعفران المتبقية وماء الزعفران المحفوظ ولبن اللوز المتبقي وشرائح اللوز.

## 4. فريتاتا البطاطا والزعفران

يجعل: 4

مكونات:

- ½ بصل أحمر متوسط ، مفروم ناعماً
- حبة بطاطس متوسطة الحجم ، مقطعة إلى مكعبات صغيرة
- 8 بيض عضوي كبير
- ربع كوب جبن بارميزان مبشور
- نصف ملعقة صغيرة زعفران
- ملح البحر والفلفل الأسود حسب الرغبة
- 4 ملاعق كبيرة زيت زيتون بكر ممتاز

تعليمات:

☑ سخني الزيت في مقلاة متوسطة على نار متوسطة لمدة 1-2 دقيقة. نقطع البصل والبطاطا ناعماً ثم نضيفها إلى المقلاة ونقلبها على نار متوسطة منخفضة لمدة 8 دقائق أو حتى يصبح البصل شبه شفاف والبطاطس طرية بالشوكة.

☑ اخفقي البيض مع جبن البارميزان والزعفران في وعاء متوسط الحجم ثم أضيفيهم إلى المقلاة. اطبخي لمدة 5 دقائق مع التقليب المستمر حتى يتبارى. يُرفع البيض من المقلاة ويوضع جانباً في وعاء متوسط الحجم.

☑ أعد المقلاة إلى الموقد وأضف 1-2 ملعقة كبيرة أخرى. من زيت الزيتون. ارفعي درجة الحرارة إلى متوسطة - عالية وسخني الزيت لمدة دقيقة واحدة.

☑ أعد البيض إلى المقلاة ، وشكل فطيرة مع ملعقة أثناء الطهي ، وقم بهز المقلاة برفق لمنع البيض من الالتصاق والضغط لأسفل لضمان تجانس الفريتاتا.

☑ يُطهى لمدة دقيقتين تقريبًا ثم يُغطى المقلاة بصحن مسطح كبير. أمسك بمقبض المقلاة واضغط لأسفل على منتصف الطبق براحة يدك الأخرى ثم اقلب الفريتاتا على اللوحة.

☑ ضعي الفريتاتا في المقلاة واتركيها على النار لمدة دقيقتين إضافيتين على الجانب الآخر.

☑ توضع جانباً لتبرد لبضع دقائق ثم تقطع إلى القطع المرغوبة.

## 5. خبز الكورنيش بالزعفران

يصنع: 2 رغيف

مكونات:
نصف ملعقة صغيرة زعفران
نصف كوب ماء مغلي
نصف كوب ماء فاتر
2 ملاعق صغيرة سكر
1 ملعقة كبيرة خميرة
نصف كوب حليب محروق
نصف كوب سمن
نصف كوب سكر
1 ملعقة صغيرة ملح
نصف ملعقة صغيرة هيل مطحون
2 بيض
نصف كوب كشمش
12 كوب عجينة كبريتات
2 ملاعق صغيرة قشر ليمون
5 أكواب طحين.

يُضاف الزعفران إلى الماء المغلي وينقع. أضف الخميرة إلى 2 ملعقة صغيرة. السكر والماء والتدفئة لتنمو. يُمزج الحليب المبستر والسمن والسكر والملح والهيل في وعاء الخلط. تبرد ويضاف الزعفران والخميرة والبيض. وفاز أيضا. يُضاف الكشمش والكباد وقشر الليمون ونصف الدقيق.

وفاز أيضا. أضف ما يكفي من الدقيق المتبقي لعمل عجينة طرية.

يعجن حتى تصبح ناعمة ومرنة. اتركه يرتفع ، ثم قسمه إلى رغيفين أو دزينة من الخبز واتركه يرتفع. اخبز في 375 فهرنهايت لمدة 30 40 t0 دقيقة.

## 6. حليب الكركم والزعفران

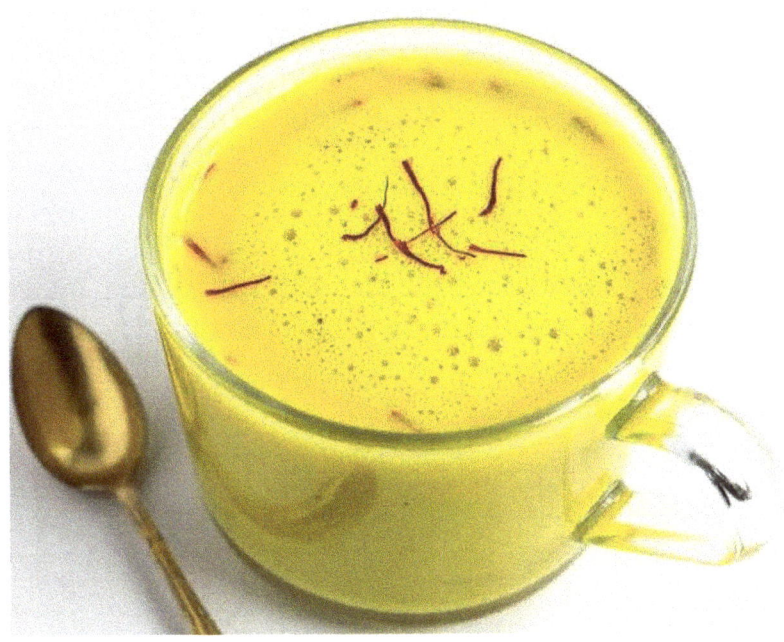

يصنع؛ 1 حصة

مكونات:
1 كوب حليب
3 خيوط زعفران
2/1 ملعقة صغيرة مسحوق كركم

تعليمات:
اجلب كل المكونات معًا حتى تغلي. اتركه يغلي على نار خفيفة لمدة 1-2 دقيقة جاهز للخدمة. أضف اللوز المقشر للحصول على مشروب صحي ومغذي اشرب هذا مرة واحدة في اليوم لصحة أفضل.

## 7. كعك الزعفران

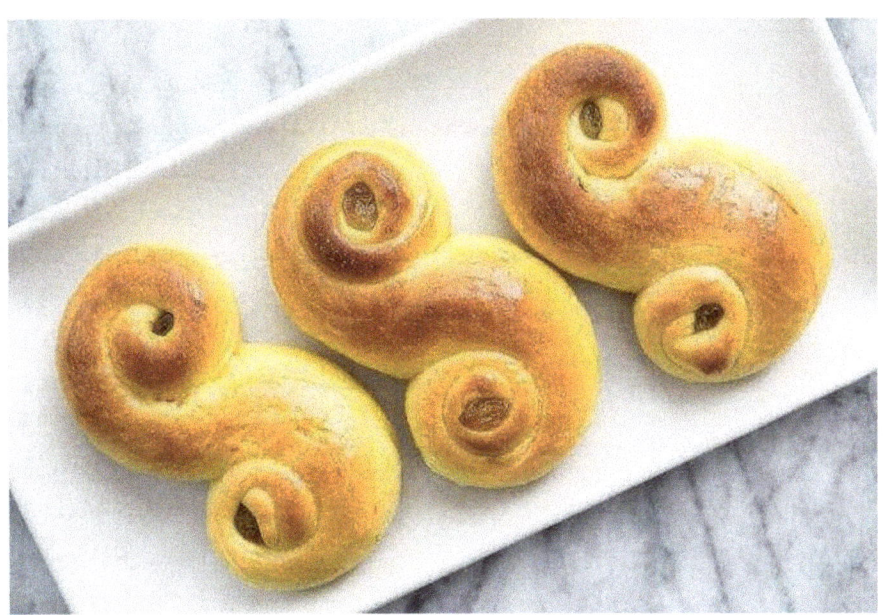

يجعل: 16 حصة

مكونات:
- ¼ كوب ماء - ساخن
- ¼ ملعقة صغيرة من خيوط الزعفران - مطحون
- نصف كوب حليب 1٪
- نصف كوب سكر
- 2 ملاعق كبيرة مارجرين مقلد -
- 1½ ملعقة صغيرة ملح
- 1 بيضة كبيرة
- 1 ملعقة كبيرة خميرة - +2 ملعقة صغيرة
- 3 أكواب طحين لجميع الأغراض غير مبيض
- 1 بياض بيضة كبيرة - مخفوقة قليلاً
- 1 ملعقة صغيرة ماء
- سكر اللؤلؤ

a) يُمزج الماء الساخن مع الزعفران ، ويُترك لمدة 10 دقائق لتليين الزعفران. في وعاء للخلط ، اخفقي ماء الزعفران ، والحليب ، والسكر ، والزبدة ، والملح ، والبيض ، والخميرة ، وكوبين من الدقيق.

b) أضف ما يكفي من الدقيق المتبقي لعمل عجينة طرية. اعجن العجين ، ثم اتركه جانباً حتى ينتفخ (ولكن ليس بالضرورة أن يتضاعف في الحجم) ، حوالي ساعتين.

c) اضرب العجين واتركه يرتاح لمدة 10 دقائق. قسّم العجينة إلى 16 قطعة ، وشكل كل قطعة على شكل كرة.

d) ضع الكرات بالقرب من بعضها البعض (ولكن لا تلمس) في مقلاة بيتزا بعمق 12 بوصة أو مقلاة مقاس 9 × 13 بوصة ، وقم بتغطيتها واتركها ترتفع لمدة ساعة ونصف ، أو حتى تنتفخ.

e) تُزين الكعك بمزيج من بياض البيض المخفوق والماء ، ثم يُرش بكثافة بسكر اللؤلؤ.

f) اخبزيها في فرن محمى على 375 درجة فهرنهايت لمدة 20 دقيقة ، أو حتى يصبح لونها بنياً ذهبياً.

g) قدميها مع الزبدة أو كريمة ديفون.

## 8. زبادي بالزعفران

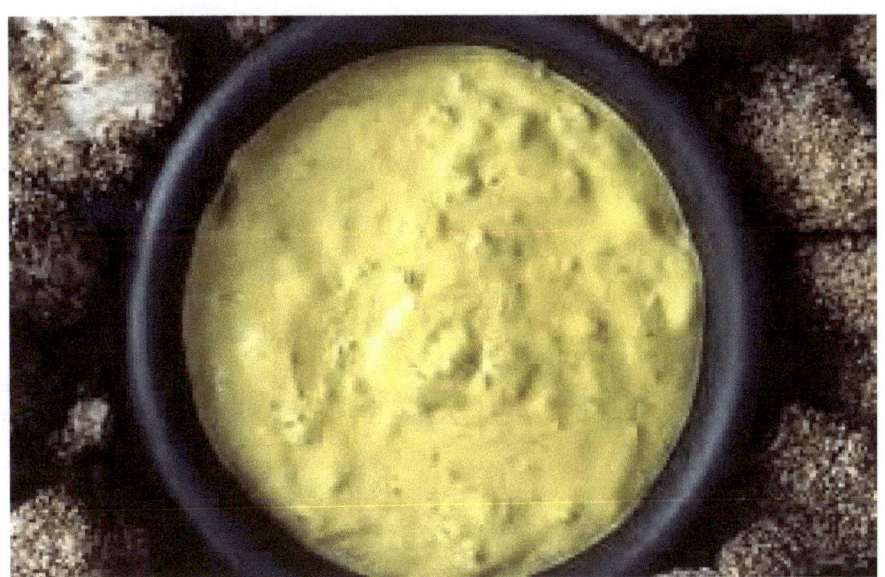

يصنع: 4 حصص

مكونات:
● رشة من خيوط الزعفران
● 3 ملاعق صغيرة ماء مغلي
● نصف لتر زبادي على الطريقة اليونانية ؛ (300 مل)
● 4 حبات هيل
● 6 ملاعق صغيرة سكر ناعم

a) نقع الزعفران في الماء لمدة 30 دقيقة. اخلطي الزعفران والماء مع اللبن الزبادي اليوناني.

b) سحق حبات الهال ، قم بإزالة البذور وطحنها بمدقة وهاون بأكبر قدر ممكن من النعومة. يقلب مع الزبادي مع السكر.

c) يُبرّد جيدًا ويُقدّم مزينًا بقشر الليمون. يتناسب هذا الزبادي مع سلطة الفواكه الطازجة.

## 9. شاي الزعفران

يجعل: 1 حصة

مكونات

- 9-6 خيوط جوزي زعفران
- شاي أسود أو أخضر
- 2 كوب ماء
- 1 ملعقة صغيرة ماء ورد
- الهيل (اختياري)

الاتجاهات

a) اغلي الماء واسكبه في إبريق الشاي.
b) يُضاف الزعفران ، والشاي الأسود أو الأخضر ، وماء الورد ، والهيل في إبريق الشاي ويترك لمدة عشر دقائق.

## 10. شاي مثلج بالزعفران والفستق

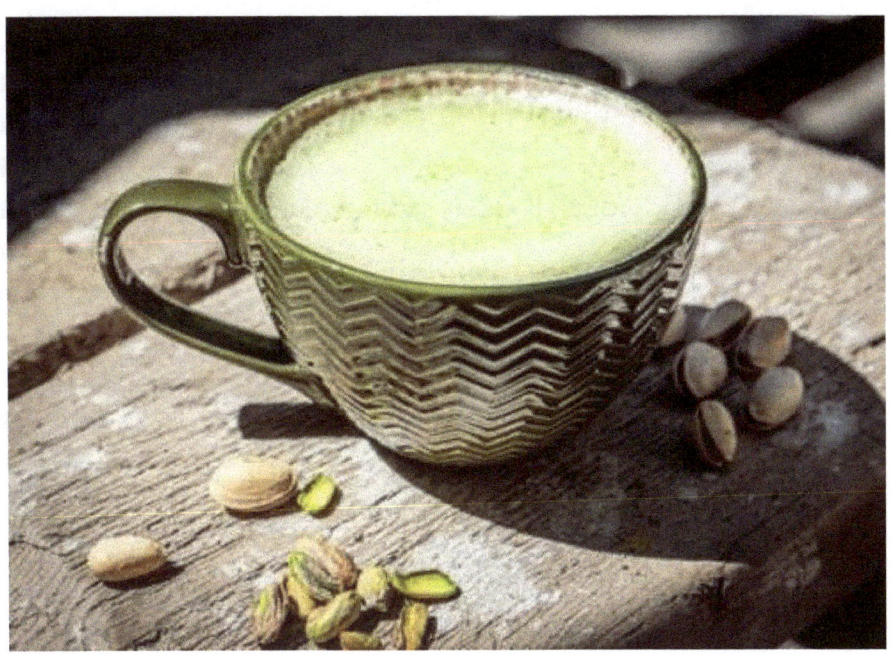

يجعل: 2

## مكونات:

- 2 كيس شاي أسود شاي أسام
- 2 كوب ماء ساخن
- 1 ملعقة صغيرة وردة
- 2 ملاعق صغيرة من الفستق مقشر ومقطع إلى شرائح
- 2 فصوص
- 2/1 بوصة قرفة
- 1 هيل
- 1 ملعقة صغيرة سكر اختياري
- رشة من خيوط الزعفران
- 6 مكعبات ثلج

## تعليمات

a) جمد أكواب التقديم لمدة 10 دقائق.

b) اربط كل التوابل والشاي بقطعة قماش موسلين.

c) اجلب الماء ليغلي. أضف قطعة قماش الشاش إلى الماء المغلي.

d) اترك أكياس الشاي وكيس التوابل تنقع لمدة 5 دقائق.

e) يصفى في وعاء. أضف حافظة الورد والسكر الإضافي.

f) يُمزج نصف الفستق ويُحرّك جيداً.

g) تصب في الأكواب المجمدة.

h) ضع القليل من المكعبات الإضافية إذا لزم الأمر. ضعي فوقها باقي الفستق والزعفران.

i) قدميها مبردة على الفور.

المقبلات والوجبات الخفيفة

## 11. كرات الأرز بالزعفران والخضر الصغيرة

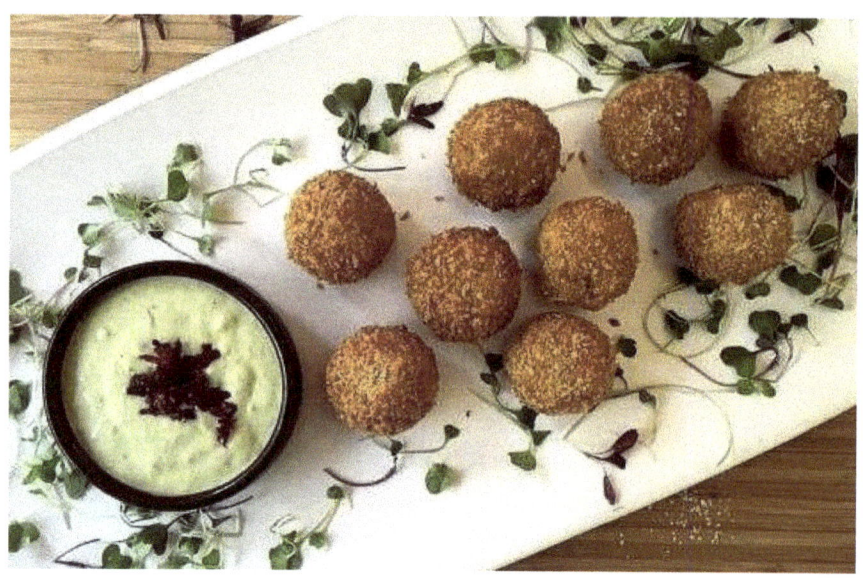

يجعل: 6

مكونات:

- 1 كوب أرز ريزوتو
- 1 بصلة بيضاء مفرومة ناعماً
- 1 فص ثوم مفروم ناعماً
- 2 ملاعق كبيرة زيت زيتون
- 1½ كوب نبيذ أبيض
- 1 لتر مرقة خضروات مسخنة
- رشة زعفران
- الملح والفلفل حسب الذوق
- 1 كوب بارميجيانو ، مبشور ناعماً
- 1 كوب جبن موزاريلا مفرومة ناعماً
- 4 بيضات
- 1 كوب دقيق
- 1 كوب بقسماط
- 1 لتر زيت نباتي
- ميكروجرين ميكس حار

**تعليمات:**

a) في مقلاة أو مقلاة ، سخني زيت الزيتون ، ثم أضيفي البصل والثوم والأرز واطبخي حتى يصبح البصل شفافًا.

b) يُحلّى بالنبيذ الأبيض مع التحريك باستمرار حتى يمتص السائل تمامًا ، ثم يُضاف مغرفة من مرقة الخضار والملح والفلفل ويُضاف الزعفران والبارميجيانا. برد لمدة ليلة واحدة على الأقل.

c) اعجن الريستو البارد ، 3 بيضات ، وجبن الموزاريلا معًا في وعاء للخلط بيديك.

d) يجب تحضير مكونات الخبز في ثلاثة أوعية: دقيق في بيضة واحدة ، وبيضة في أخرى ، وفتات خبز في وعاء ثالث.

e) باستخدام خليط الريزوتو ، دحرجوا كرات بحجم كرة الجولف في راحة يدكم. بعد ذلك ، تغطى بالدقيق ، ثم البيض ، وأخيراً فتات الخبز.

f) في قدر ساخن ، سخني الزيت النباتي ، ثم اطهي بضع أرانشيني في وقت واحد حتى يصبح لونه بني ومقرمش.

g) قدميها فوق سرير من الخضر الورقية الصغيرة ، دافئة أو باردة.

## 12. كروديت شتوي حار

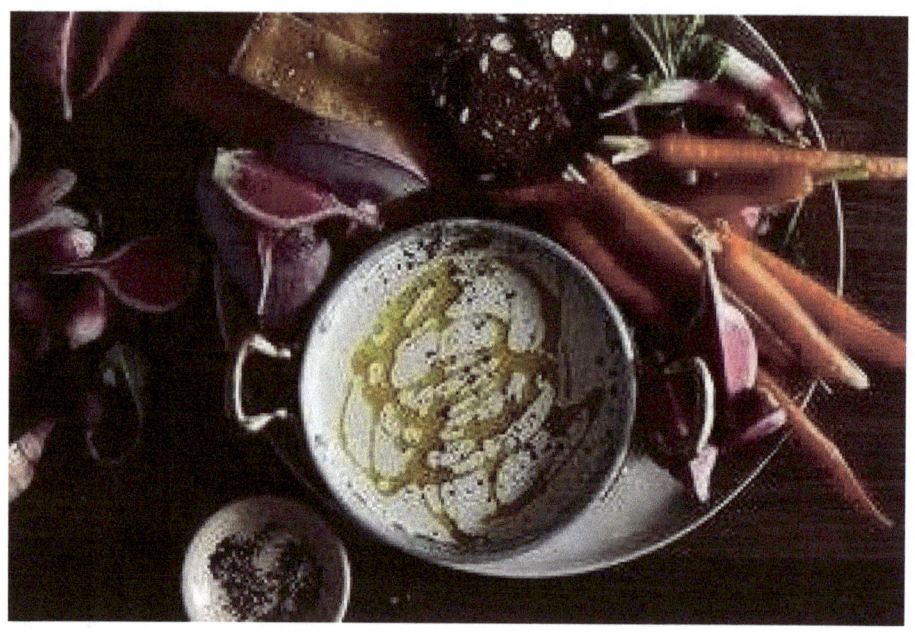

يجعل: 4-6

**مكونات:**

- 1 بصلة حمراء مقشر شرائح
- 1 فلفل أخضر المصنف والمقطع
- 1 فلفل أحمر أو أصفر المصنف والمقطع
- 1 لفت مقشر ورقيق
- 2 كوب زهور القرنبيط
- 2 كوب زهور البروكلي
- 1 كوب جزر صغير. قلص
- نصف كوب من الفجل المقطّع إلى شرائح رقيقة
- 2 ملاعق كبيرة ملح
- 1½ كوب زيت زيتون
- 1 بصلة صفراء مقشر وناعم. مقطع
- ⅛ ملعقة صغيرة من خيوط الزعفران
- رشة كركم ، كمون مطحون ، فلفل أسود ، بابريكا ، حريف ، ملح

**تعليمات:**

a) ضعي الخضار المحضرة في وعاء كبير ورشيها بملعقتين كبيرتين من الملح وأضيفي الماء البارد.

b) في اليوم التالي ، جفف الخضار واشطفها. تحضير التتبيلة عن طريق غلي البصل والبهارات والملح في زيت الزيتون لمدة 10 دقائق.

c) انشر الخضار في طبق مقاس 9 × 13 بوصة. اسكب التتبيلة الساخنة عليها.

d) انقله إلى وعاء مزخرف للتقديم ، سواء كان باردًا أو في درجة حرارة الغرفة.

## 13. كابوس دجاج

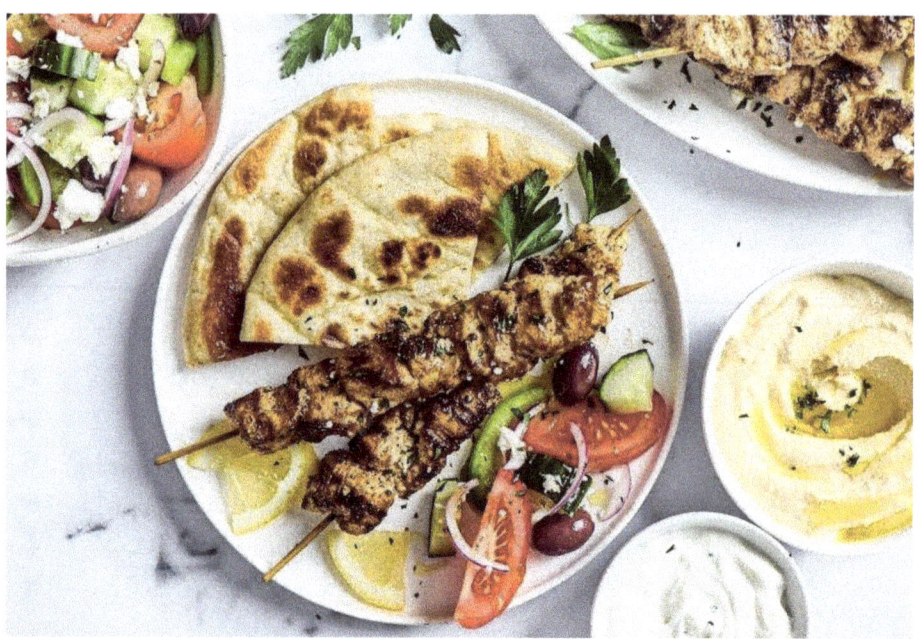

يجعل: 4-6

**مكونات:**

- عصير 2 ليمون
- 2 بصل وسط
- 2 ملعقة كبيرة زبدة
- الملح والفلفل حسب الذوق
- 1 ملعقة طعام زيت نباتي
- رشة زعفران (اختياري)
- 20 فخذ دجاج ، مخلية من العظم

**تعليمات:**

a) اغسلي قطع الدجاج وجففيها على قطعة من منشفة المطبخ. قم بتسجيل الفلاش برفق للسماح للتتبيل بالتغلغل بشكل أعمق.

b) قشر وابشر البصل. اعصر أكبر قدر ممكن من العصير وتخلص منه.

c) باستخدام مدقة وهاون ، اطحن الزعفران مع نصف ملعقة صغيرة من السكر المحبب إلى مسحوق.

d) انقلي الزعفران إلى كوب وأضيفي نصف كوب من الماء المغلي. غطي الكوب بصحن واتركيه جانبًا.

**e) نقيع**

f) ضعي قطع الدجاج في وعاء مسطح وصبي عليها البصل المبشور. أضف ملعقة كبيرة من عصير الليمون والزيت النباتي والملح والفلفل حسب الرغبة.

g) اخلطهم جيداً للتأكد من أن قطع الدجاج مغطاة جيداً بالتتبيلة. غطي الطبق بورق لاصق واتركيه لمدة ساعتين على الأقل.

**طبخ**

h) سخني الشواية حتى تصبح ساخنة قدر الإمكان.

i) ضعي خمس قطع دجاج من مزيج التتبيلة في سيخ معدني مسطح. كرر حتى يتم استخدام كل القطع.

j) نذوب الزبدة ونتركها جانبا. ضعي الأسياخ على الشواية ودهنها بالزبدة وعصير الليمون. إذا كنت تستخدم الزعفران ، ادهن بعض الأسياخ بالزعفران وبعضها بعصير الليمون.

k) استدر للتأكد من أن كلا الجانبين مشوي بشكل جيد. قدميها على أرز سادة أو قطعة خبز طازج.

## 14. فولوري

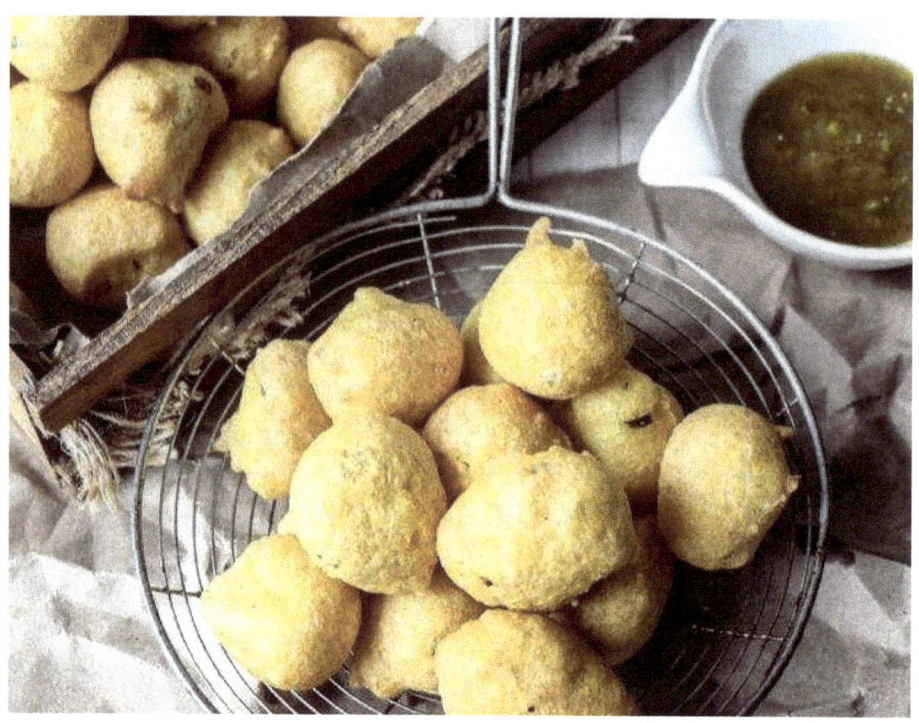

يجعل: 4-6

**مكونات:**

- ½ بازلاء بازلاء مقسمة
- 1 فص ثوم مفروم ناعم
- نصف ملعقة صغيرة من مسحوق الزعفران
- نصف ملعقة صغيرة من صودا الخبز
- 1 ملعقة صغيرة بيكنج بودر
- 1 ملعقة كبيرة طحين
- 1 ملعقة صغيرة ملح
- عصير نصف ليمونة صغيرة
- كوبان من الزيت أو حسب الحاجة للقلي

**تعليمات:**

a) اغسل البازلاء واتركها تنقع طوال الليل.
b) صفي البازلاء واطحنها إلى قوام سلس. أضيفي جميع المكونات الأخرى واخلطيها جيدًا واتركيها لمدة ساعة مع إضافة القليل من الماء إذا أصبح الخليط جافًا جدًا. ثم اضربه مرة أخرى حتى يصبح خفيفًا ورقيقًا.
c) سخني الزيت في مقلاة عميقة. نسكب المزيج بملعقة صغيرة في الزيت الساخن. تقلى حتى يصبح لونها بنيا ذهبيا أو حتى تطفو الفولوري إلى الأعلى.
d) صفيها وقدميها على الفور مع التمر الهندي أو صلصة المانجو.
e) يجعل: حوالي عشرين ، حسب الحجم.

## 15. أرانشيني مع الاسكواش المشوي و gorgonzola

**يجعل: 12 أرانشيني**

**مكونات:**

- رشة من خيوط الزعفران
- 450 جرام كوسة مقطعة إلى مكعبات 2 سم
- 3 ملاعق كبيرة زيت زيتون
- 50 جرام زبدة
- 1 بصلة كبيرة مفرومة ناعماً
- 2 فص ثوم مهروس
- 350 جرام أرز كارنارولي ريزوتو

- 250 مل من النبيذ الأبيض ، أو المزيد من المرق (انظر أدناه) إذا كنت تفضل مرق الدجاج أو الخضار 750 مل ، 90 جم جبن البارميزان المبشور الطازج
- 60 جرام جورجونزولا ، مقطعة إلى اثني عشر مكعبًا بحجم 1 سم
- 100 جرام دقيق عادي
- 2 بيضة مخفوقة قليلاً
- 120 جرام فتات خبز بانكو
- ملح وفلفل أسود مطحون طازجًا

**تعليمات:**

☑ يسخن الفرن إلى 200 درجة مئوية / 180 درجة مئوية. مروحة / علامة غاز 6. نقع خيوط الزعفران في 1 ملعقة كبيرة من الماء المغلي.

☑ ضعي القرع في قالب تحميص مع ملعقتين كبيرتين من زيت الزيتون ، وتبليه قليلًا ، واتركيه لمدة 20-25 دقيقة حتى يصبح طريًا.

☑ ضعي الكمية المتبقية من الزيت ونصف كمية الزبدة في مقلاة ثقيلة وضعيها على نار متوسطة. عندما تذوب الزبدة ، أضيفي البصل وخففي الحرارة إلى أقل درجة ممكنة واتركيها تنضج برفق لمدة 20 دقيقة حتى تصبح طرية ولكن غير ملونة.

☑ ارفعي النار إلى درجة متوسطة ، وقلبي الثوم واقلي لمدة دقيقة فقط قبل إضافة الأرز.

☑ قلبي القلي لمدة دقيقتين حتى تبدأ الحبوب في التحول إلى نصف شفافة ، ثم اسكبي النبيذ ، إذا كنت تستخدمين ، أو مرقة إضافية.

☑ قلبي كثيرًا على نار متوسطة حتى يمتص السائل تقريبًا ، ثم اسكبي حوالي ثلث المرقة مع ماء الزعفران واستمري في الطهي والتقليب لمدة 5-8 دقائق حتى يمتص السائل تقريبًا. أضيفي ثلث مرقة أخرى وكرر الأمر ، ثم أضيفي الكمية المتبقية من المرقة مع التحريك بانتظام حتى يمتص الأرز ويصبح طريًا.

☑ أطفئي النار وقلبي مع باقي الزبدة وجبنة البارميزان. تبلي بالملح والفلفل حسب الرغبة واتركيه جانباً ليبرد - سوف يؤدي نشره على صينية إلى تسريع ذلك إلى حد كبير.

☑ اهرس القرع المحمص جيدًا على لوح التقطيع ، ثم قسمه إلى 12 حصة متساوية. قم بتسطيح كل جزء على قرص ، ثم ضع مكعبًا من gorgonzola في المنتصف ، قبل تغطيته عن طريق وضع القرع حول الجوانب.

☑ ضع الدقيق والبيض وفتات الخبز في أوعية منفصلة.

☑ نظف سطح العمل وقم بإعداد خط إنتاج: الريزوتو ، متبوعًا بحشوة الاسكواش ، وعاء الدقيق ، وعاء البيض ، وعاء فتات الخبز ، وأخيراً طبق نظيف لوضع أرانسيني النهائي.

☑ خذ ملعقة كبيرة من الريزوتو ، أو قم بوزن الريزوتو المطبوخ وقسمه على 12 لتحصل على حصص متساوية: إنه عمل إضافي ، لكنه يستحق ذلك. دحرج أول قطعة من الريزوتو على شكل كرة في راحة يديك ، واضغط عليها بقوة معًا. ثم قم بتسطيح الكرة وأضف كرة من حشوة الاسكواش إلى المنتصف ، واسحب جوانب الريزوتو لتثبيتها تمامًا على شكل كرة. أسقط الكرة في وعاء الدقيق ولفها برفق حتى تتغطى بالكامل.

☑ ثم انقله إلى وعاء البيض ، ولفه مرة أخرى حتى يغطى ، قبل إسقاطه أخيرًا ولفه في وعاء فتات الخبز. توضع جانباً على طبق نظيف وكررها مع 11 أرانسيني الأخرى.

☑ سخني الزيت في مقلاة عميقة للدهون حتى 170 درجة مئوية / 340 درجة فهرنهايت. اقلي أرانشيني على دفعات من 3 أو 4 لمدة 5 دقائق ، حتى يصبح مقرمشًا وذهبيًا.

## 16. أصابع الزعفران والبارميزان المقلية

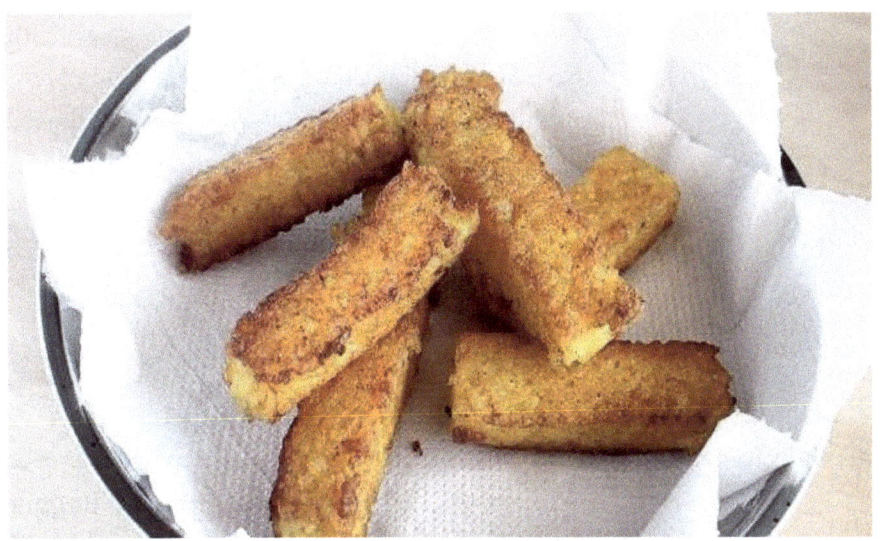

يجعل: 1 حصة

مكونات:

- ½ ملعقة صغيرة من خيوط الزعفران المعبأة بإحكام
- رطل من جبن البارميزان الصغير عالي الجودة
- 4 أكواب زيت عباد الشمس. للقلي
- 1 صفار بيض
- 1½ كوب ماء مثلج
- 1½ كوب دقيق منخول زائد ، إضافي للتغليف

تعليمات:

- ☑ في قدر صغير ، يُغلى كوب من الماء. يُضاف الزعفران ويُغلى لمدة دقيقتين. السماح لتبرد إلى درجة حرارة الغرفة. استخدم سكينًا حادًا لتقطيع -Parmigiano Reggiano إلى شرائح رفيعة.
- ☑ في وعاء صغير ، يُمزج الجبن مع سائل الزعفران ويتبل لمدة 6 ساعات.
- ☑ في مقلاة عميقة ، سخني الزيت إلى 365 درجة.
- ☑ يخفق صفار البيض في وعاء. يضاف الماء مع التحريك برفق للمزج. أضيفي 1½ كوب دقيق دفعة واحدة وقلبي برفق باستخدام شوكة أو عود حتى يمتزج.
- ☑ قطعة قطعة ، غلفي قطع الجبن بالدقيق الإضافي ؛ تُغمس القطع جيدًا في الخليط ، ثم تُقلب سريعًا في الزيت الساخن.
- ☑ يُطهى لمدة 2 إلى 3 دقائق ، مع التقليب من حين لآخر ، حتى يصبح ذهبي اللون ومقرمشًا. باستخدام ملعقة مثقوبة ، اغرف الجبن وصفيها على مناشف ورقية. احتفظ بالدفء أثناء قلي الباقي.
- ☑ يرش بالملح ويقدم على الفور.

## 17. لدغات بولابيس

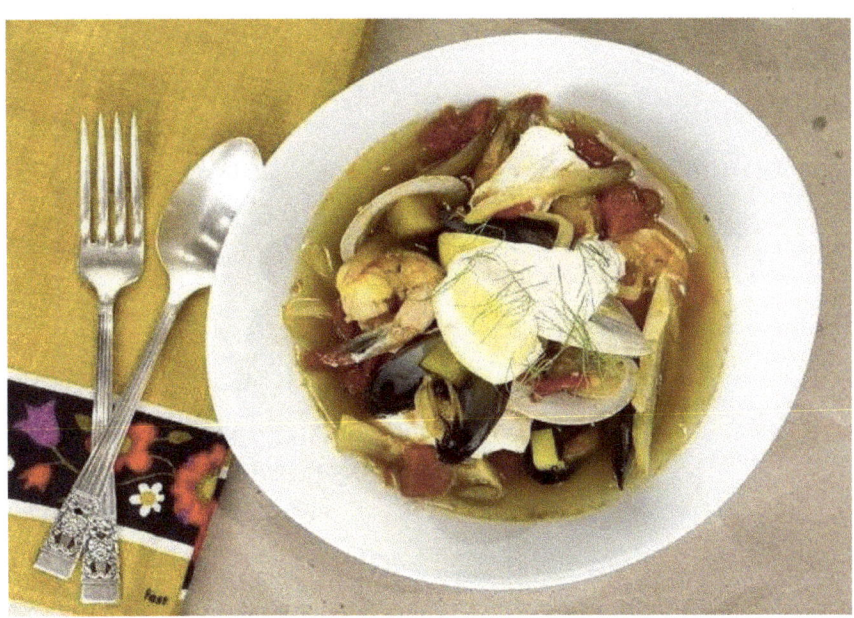

يجعل: 24

## مكونات:

- 24 وسط روبيان مقشر و منزوع الدهن
- 24 وسط البحر اسقلوب
- 2 كوب صلصة طماطم
- 1 علبة محار مفروم (6 أونصة)
- 1 ملعقة كبيرة بيرنو
- 20 مل
- 1 ورقة غار
- 1 ملعقة صغيرة ريحان
- نصف ملعقة صغيرة ملح
- نصف ملعقة صغيرة فلفل مطحون طازج
- ثوم مفروم
- زعفران

## تعليمات:

- ☑ سيخ الروبيان والمحار على أسياخ الخيزران مقاس 8 بوصات ، باستخدام 1 جمبري و 1 أسقلوب لكل سيخ ؛ لف ذيل الجمبري حول الإسكالوب.
- ☑ اخلطي صلصة الطماطم والمحار والبيرنود والثوم وورق الغار والريحان والملح والفلفل والزعفران معًا في قدر. يُغلى المزيج.
- ☑ رتب السمك المشوي في أسياخ في طبق خبز ضحل.
- ☑ رشي الصلصة على الأسياخ. اخبزيها بدون غطاء على حرارة 350 درجة لمدة 25 دقيقة.

## 18. لحاء الشوكولاتة البيضاء والزعفران

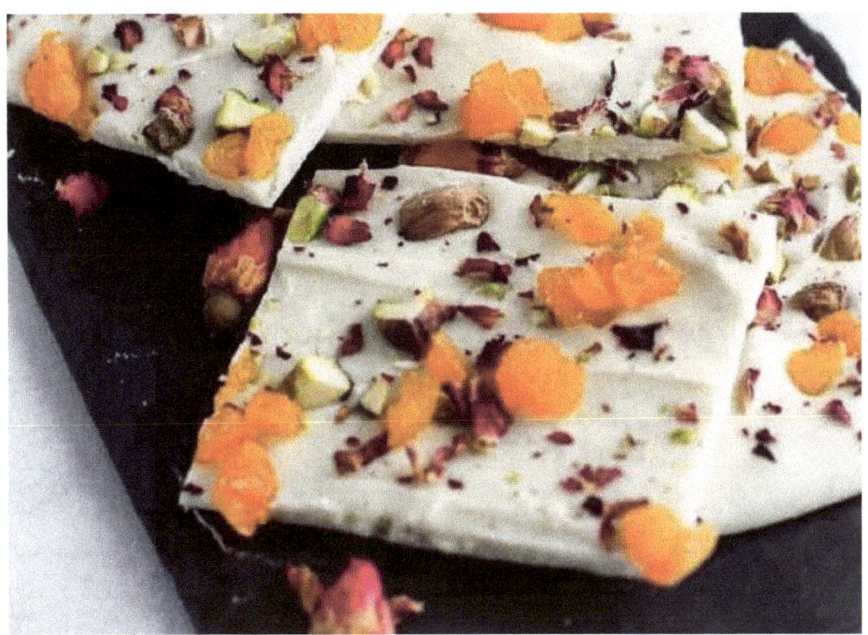

مكونات:

- 250 جرام شوكولاتة بيضاء
- 1 ملعقة صغيرة بتلات الورد المجففة و المسحوقة تقريبًا
- 2/1 ملعقة صغيرة من خيوط الزعفران
- 2 ملعقة كبيرة خليط مكسرات مطحونة
- رشي الهيل ، بذور الشمر ، جوزة الطيب إلى مسحوق
- 2/1 ملعقة صغيرة من بذور الخشخاش الأبيض

تعليمات:

a) باستخدام طريقة الغليان المزدوج. نقطع الشوكولاتة على نار هادئة نذوبها في غلاية مزدوجة. يمكنك أيضًا استخدام الميكروويف.

b) في هذه الأثناء خذ ورقة زبدة. ارسم مربعًا كبيرًا بقلم رصاص

c) اقلب الورقة على الجانب الآخر ، فلا يزال بإمكانك رؤية المخطط التفصيلي

d) بمجرد أن تصبح الشوكولاتة جاهزة ، اسكبها على الورق. انتشر بالتساوي ، مع التأكد من أنها ليست رقيقة جدًا. انقر لجعلها متساوية

e) بمجرد الانتهاء من ذلك بسرعة نرش خليط المكسرات ومزيج التوابل وبتلات الورد الجافة والزعفران

f) دع هذه المجموعة. عندما تكاد تكون علامات اللحاء على شكل مربعات.

g) عند ضبطها تمامًا ، قم بتقسيمها وترتيبها حسب اختيارك للصينية أو تخزينها في علبة محكمة الغلق

## 19. روبيان بكريمة الزعفران

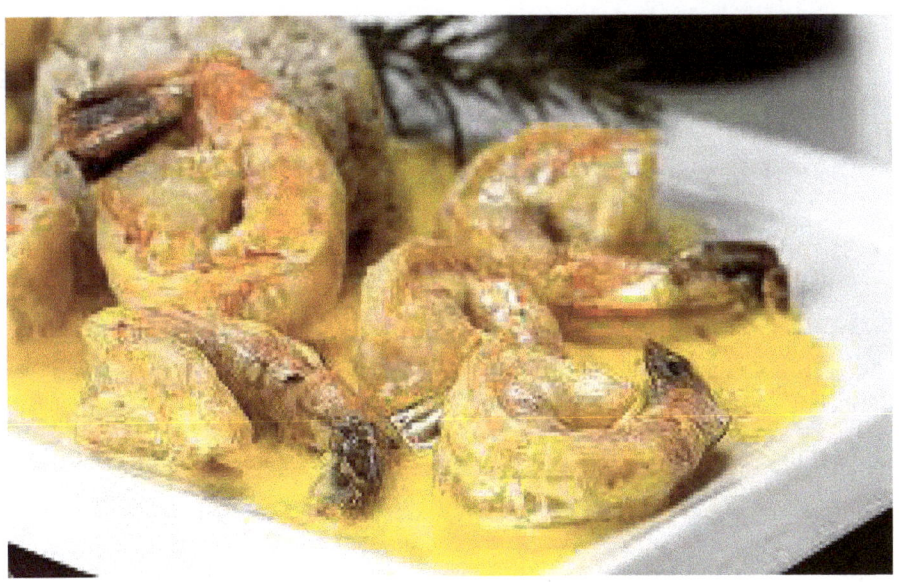

يصنع: حصة واحدة

مكونات:
كيلو روبيان بالقشر
رشة جيدة من خيوط الزعفران
450 مل قشطة مزدوجة
150 مل الزبادي العادي. كريم فريش أو كريمة حامضة
البقدونس الإفرنجي؛ الثوم المعمر أو البقدونس
ملح وفلفل
1 ملعقة صغيرة من البرتقال المبشور أو نكهة اليوسفي. (1 إلى 2)

تعليمات:
يُقشر القريدس ويُترك جانبًا. ضعي القشرة في قدر مع حوالي 300 مل من الماء. يغلي لمدة 5-10 دقائق ، يصفى ويغلي لتقليل إلى النصف.

نقع الزعفران في ملعقتين كبيرتين من مرق المحار. تُخفق الكريما حتى تتجمد ، ويُضاف إليها اللبن والزعفران ويُخفق مرة أخرى. تُضاف الأعشاب والروبيان وتتبل حسب الذوق بالملح والفلفل والبرتقال.

يقدم كمقبلات في "كوب" من الخس أو كفاتح للشهية في أوراق الهندباء.

# يسيئرلا قبطلا

## 20. دجاج كروكبوت زيتون

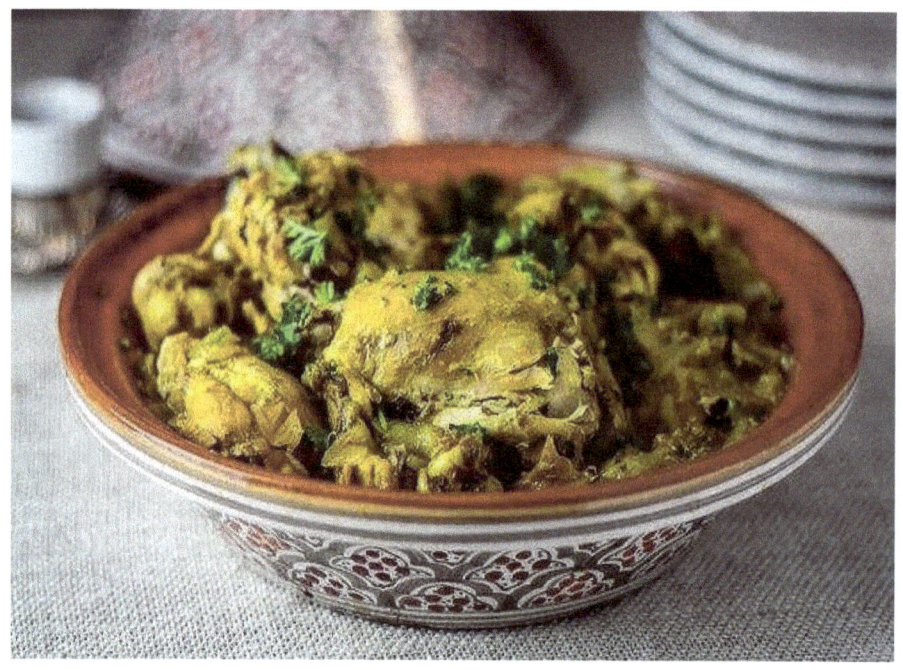

يجعل: 4

مكونات:

- 2 ملاعق كبيرة من بشر الليمون
- 2 بصل مقطع شرائح
- 3 فصوص ثوم مفروم
- ¼ ملعقة صغيرة من خيوط الزعفران مهروسة
- 4 أفخاذ دجاج
- 2 كوب مرق دجاج
- كوب أوراق كزبرة مفرومة
- 1 ملعقة كبيرة عصير ليمون
- كوب بقدونس مفروم
- 1 كوب زيتون منزوع النواة ومقطع إلى شرائح
- فلفل اسود
- 2 ملاعق كبيرة زيت زيتون
- نصف ملعقة صغيرة من الزنجبيل المطحون
- ملح

تعليمات:

a) افركي الدجاج بالملح والفلفل وعصير الليمون.
b) يحمر الدجاج في الزيت الساخن لحوالي 4 دقائق لكل جانب.
c) أضيفي باقي المكونات ماعدا الأعشاب واطبخي لمدة ساعة على نار هادئة.
d) يُضاف الأعشاب ويُطهى لمدة 10 دقائق أخرى بدون غطاء.

## 21. صدر دجاج بعشب الخردل

يجعل: 4

**مكونات:**

**للدجاج:**

- 2 قطعة كبيرة صدور دجاج منزوعة الجلد
- 2 فص ثوم
- إكليل الجبل
- 2 ورق الغار
- 25 جرام زبدة
- ملح البحر والفلفل

**الصلصة:**

- 25 جرام زبدة
- 1 بصلة صغيرة
- 2 فص ثوم صغير
- 1 ملعقة كبيرة طحين
- 50 مل نبيذ أبيض ، أكثر جفافا
- 250 مل مرقة دجاج
- 5 خيوط زعفران
- 200 مل كريمة
- أعشاب مختلطة من اختيارك
- 1 ملعقة صغيرة خردل
- نشا الطعام
- سكر
- عصير ليمون
- ملح وفلفل
- 1 قرص جودة، العصور الوسطى

**تعليمات:**

a) سخن حمام Sous Vide مسبقًا إلى 65 درجة مئوية.

b) قم بتقطيع صدور الدجاج إلى نصفين بالطول حتى تتكون شرحتان صغيرتان. نضع الملح والفلفل في كيس فيديو سوس. قشر وقطّع الثوم إلى شرائح. افرده مع إكليل الجبل وأوراق الغار والزبدة على اللحم. كل شيء بالمكنسة الكهربائية و 30 دقيقة. اطبخي في حمام مائي.

c) تُذوّب الزبدة ويُطهى البصل المفروم ناعماً والثوم حتى يصبح شبه شفاف. يُرش بالدقيق ويُحلّى بالنبيذ الأبيض والمرق. أضف الزعفران وكل شيء لمدة 15 دقيقة. ينضج على نار خفيفة. أخرجي اللحم من حمام سوس فيديو ومن الكيس وضعيه في طبق للخبز.

d) أضف الكريمة والأعشاب والخردل إلى الصلصة. اسكبي المرق من الكيس في مصفاة شعر ناعمة في الصلصة ، إذا لزم الأمر ، اربطيها بالنشا وتبليها بالملح والفلفل والسكر وعصير الليمون. إذا أردت ، يمكنك فقط إضافة الأعشاب في النهاية وهرس الصلصة مسبقًا لفترة وجيزة.

e) نسكب القليل من الصلصة فوق اللحم ، ولا يجب تغطيتها بالكامل وتغطيتها بنصف شريحة جبن لمدة 7-8 دقائق. طهي في أعلى درجة حرارة.

f) قدمي الكمية المتبقية من الصلصة بشكل إضافي.

**22. سمك السلمون في كاري بنكهة الزعفران XE**

يجعل: 4

مكونات:

- 4 ملاعق كبيرة زيت نباتي
- 1 بصلة مفرومة ناعماً
- ملعقة صغيرة معجون الزنجبيل والثوم
- نصف ملعقة صغيرة من مسحوق الفلفل الحار الأحمر
- نصف ملعقة صغيرة مسحوق كركم
- ملاعق صغيرة مسحوق كزبرة
- ملح طعام حسب الرغبة
- 1 رطل سلمون منزوع العظم و
- مكعب
- نصف كوب زبادي مخفوق
- 1 ملعقة صغيرة زعفران محمص

تعليمات:

a) سخني الزيت النباتي في مقلاة غير لاصقة.
b) يُقلى البصل لمدة 4 دقائق ، أو حتى يصبح شفافًا.
c) يُطهى لمدة دقيقة واحدة بعد إضافة معجون الزنجبيل والثوم.
d) يُمزج مسحوق الفلفل الأحمر الحار والكركم والكزبرة والملح.
e) اقلي السلمون لمدة 4 دقائق.
f) خففي النار وقلبي في الزبادي.
g) يُطهى على نار خفيفة حتى ينضج السلمون تمامًا.
h) يُمزج الزعفران جيداً.

## .23 Shrimp Scampi و Linguine

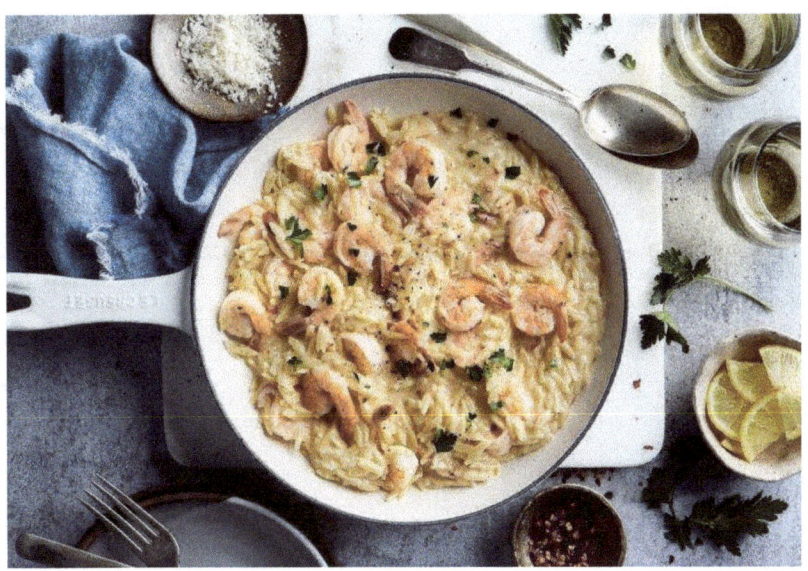

يجعل: 6

مكونات:

- 1 عبوة معكرونة لينجويني
- نصف كوب زبدة
- 1 فلفل أحمر مفروم
- 5 فصوص ثوم مهروسة
- 45 جمبري كبير ني مقشر ومنزوع منه نصف كوب نبيذ أبيض جاف ونصف كوب مرق دجاج
- 2 ملاعق كبيرة عصير ليمون
- نصف كوب زبدة
- 1 ملعقة صغيرة فلفل أحمر مطحون
- ½ ملاعق صغيرة زعفران
- كوب بقدونس مفروم
- ملح للتذوق

**تعليمات:**

a) قم بطهي المعكرونة وفقًا لتوجيهات العبوة ، والتي يجب أن تستغرق حوالي 10 دقائق.
b) صفي الماء واتركيه جانبًا.
c) في مقلاة كبيرة نذوب الزبدة.
d) يُطهى الفليفلة الحلوة والثوم في مقلاة لمدة 5 دقائق.
e) أضف الجمبري واستمر في القلي لمدة 5 دقائق أخرى.
f) انزعي الجمبري إلى طبق ، لكن احتفظي بالثوم والفلفل في المقلاة.
g) يُغلى النبيذ الأبيض والمرق وعصير الليمون.
h) أعد الجمبري إلى المقلاة مع 14 كوبًا أخرى أفضل.
i) نضيف رقائق الفلفل الأحمر والزعفران والبقدونس وتتبل بالملح حسب الرغبة.
j) يُطهى على نار خفيفة لمدة 5 دقائق بعد تقليب المعكرونة.

### 24. روبيان لا بلانشا فوق توست زعفران أليولي

يجعل: 4

مكونات:

**أليولي**

- 1 رشة زعفران كبيرة
- 1 صفار بيض كبير
- 1 فص ثوم مفروم ناعماً
- 1 ملعقة صغيرة ملح كوشير
- 1 كوب زيت زيتون بكر ممتاز ، ويفضل إسباني
- 2 ملاعق صغيرة من عصير الليمون ، بالإضافة إلى المزيد إذا لزم الأمر

**جمبري**

- أربع شرائح بسمك بوصة من الخبز الريفي
- ملعقتان كبيرتان من زيت الزيتون البكر عالي الجودة ، ويفضل أن يكون إسبانيًا
- 1½ رطل جامبو
- 20 عدد قشر الروبيان
- الملح كوشير
- 2 حبة ليمون ، نصفين
- 3 فصوص ثوم مفرومة ناعماً
- 1 ملعقة صغيرة فلفل أسود مطحون طازجًا
- 1 كوب شيري جاف
- ملعقتان كبيرتان من البقدونس المفروم خشناً

**تعليمات:**

a) اصنع الأيولي: في مقلاة صغيرة على نار متوسطة ، نخب الزعفران حتى يصبح هشًا ، من 15 إلى 30 ثانية.

b) اقلبها على طبق صغير واستخدم ظهر الملعقة لسحقها. في وعاء متوسط الحجم ، أضيفي الزعفران وصفار البيض والثوم والملح واخفقي جيدًا حتى تمتزج جيدًا.

c) ابدئي بإضافة بضع قطرات في كل مرة ، مع الخفق جيدًا بين الإضافات ، حتى يبدأ الأيولي في التكاثف ، ثم رشي الزيت المتبقي في المزيج بتدفق بطيء وثابت للغاية ، مع خفق الأيولي حتى يصبح كثيفًا ودسمًا.

d) أضيفي عصير الليمون وطعمه واضبطيه بالمزيد من عصير الليمون والملح حسب الحاجة. انقلي المزيج إلى وعاء صغير وغطيه بغلاف بلاستيكي وضعيه في الثلاجة.

e) اصنع الخبز المحمص: اضبط رف الفرن على الموضع العلوي والشواية على الوضع العالي. ضعي شرائح الخبز على صينية خبز مطوية ، وادهن جانبي الخبز بملعقة كبيرة من الزيت.

f) نحمص الخبز حتى يصبح لونه بنياً ذهبياً ، حوالي 45 ثانية. اقلب الخبز وحمصه على الجانب الآخر (راقب الشواء عن كثب ، حيث تختلف شدة الفروج) ، لمدة 30 إلى 45 ثانية أطول. أخرجي الخبز من الفرن وضعي كل شريحة على طبق.

g) في وعاء كبير ، ضعي الجمبري. استخدم سكين التقشير لعمل شق سطحي في الجزء الخلفي المنحني من الجمبري ، وإزالة الوريد (إن وجد) وترك القشرة سليمة. سخني مقلاة كبيرة ذات قاع ثقيل على نار متوسطة حتى تقترب من التدخين ، من 1 إلى 2 دقيقة.

h) أضيفي الملعقة الكبيرة المتبقية من الزيت والروبيان. رش القليل من الملح وعصير نصف ليمونة فوق الجمبري واطهيه حتى يبدأ الجمبري في التجعد وتتحول حواف القشرة إلى اللون البني لمدة 2 إلى 3 دقائق.

i) استخدم الملقط لقلب الروبيان ، ورش المزيد من الملح وعصير نصف ليمونة أخرى واطهيه حتى يصبح الجمبري ورديًا زاهيًا ، لمدة دقيقة واحدة تقريبًا. اصنعي فجوة في وسط المقلاة وأضيفي إليها الثوم والفلفل الأسود. بمجرد أن يصبح الثوم رائحته ، بعد حوالي 30 ثانية ، أضيفي الشيري ، واتركيه على نار هادئة وحركي خليط الثوم والشيري مع الروبيان.

j) يُطهى مع التحريك وكشط القطع البنية من قاع المقلاة في الصلصة. أطفئي النار واعصري نصف ليمونة أخرى في عصير. قطعي النصف المتبقي من الليمون إلى شرائح.

k) وزعي الجزء العلوي من كل شريحة خبز بملعقة كبيرة من الزعفران أيولي. يقسم الروبيان بين الأطباق ويصب بعض الصلصة على كل وجبة. يرش البقدونس ويقدم مع شرائح الليمون.

## 25. مونكفيش بومباي

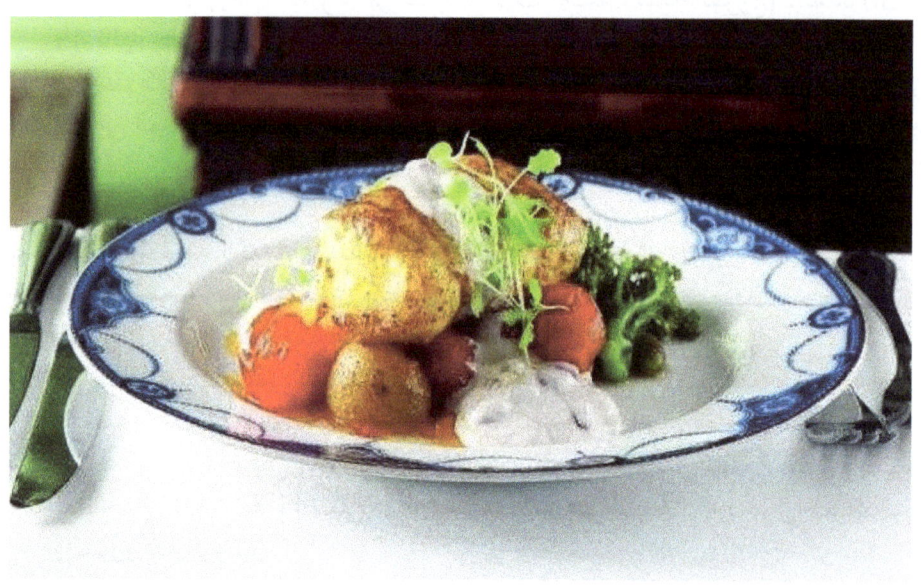

يجعل: 1

**مكونات:**
- 1 رطل من سمك الراهب منزوع الجلد
- حليب للتغطية
- ¼ رطل جمبري مقشر
- 2 بيض
- 3 ملاعق كبيرة معجون طماطم ½ ملعقة صغيرة مسحوق كاري
- 2 ملاعق صغيرة عصير ليمون
- نصف ملعقة صغيرة إكليل الجبل الطازج المفروم
- 1 رطل من الزعفران أو الكركم نصف كوب كريمة خفيفة
- الملح والفلفل حسب الذوق

**تعليمات:**

a) يسخن الفرن إلى 350 درجة فهرنهايت. ضع سمكة الراهب في مقلاة كبيرة بما يكفي لحملها. يُسكب الحليب فوقه ويوضع المقلاة على نار معتدلة.

b) يُغلى المزيج على نار هادئة ، ويُغطى ، ويُطهى لمدة 8 دقائق. اقلب السمك واطهيه لمدة 7 دقائق أو حتى ينضج السمك تمامًا.

c) عندما يقترب سمك الراهب من النضج ، يُضاف الجمبري ويُطهى لمدة 2-3 دقائق ، أو حتى يتحول لونه إلى اللون الوردي.

d) استنزاف السمك والروبيان مع التخلص من الحليب.

e) قطع سمك الراهب إلى قطع صغيرة الحجم. يخفق البيض مع معجون الطماطم ومسحوق الكاري وعصير الليمون وإكليل الجبل والزعفران ونصف كوب كريمة.

f) يُمزج السمك والروبيان ويُتبل بالملح والفلفل حسب الرغبة.

g) تُحول إلى 4 أطباق رامكين فردية وتُسكب كمية متساوية من الكريمة المتبقية فوق كل طبق.

h) اخبزيها لمدة 20 دقيقة أو حتى تنضج. قدميها ساخنة مع عصير الليمون والخبز الفرنسي المقرمش.

## 26. سلمون بالزعفران و أرز ياسمين

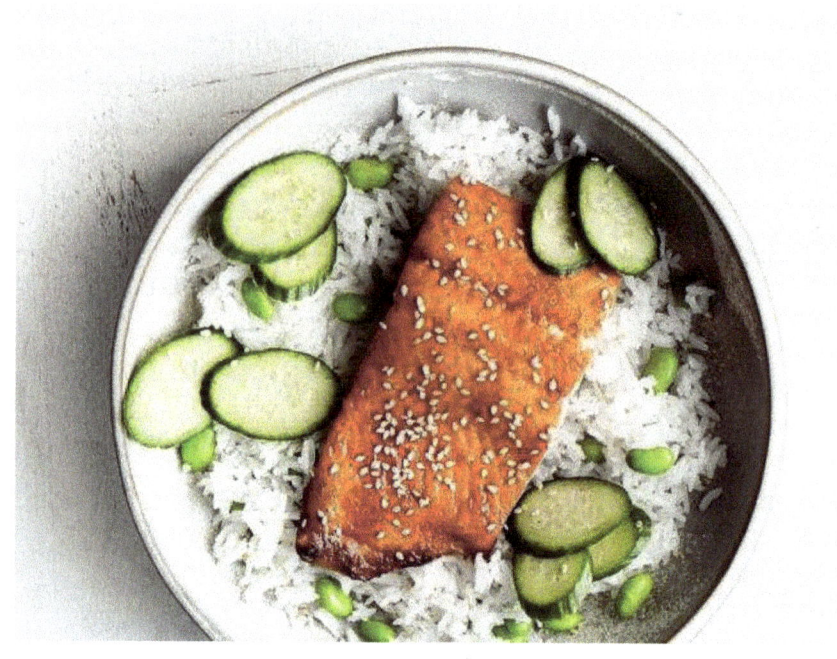

يجعل: 2

مكونات:
- 2 فيليه سلمون بري ، مخلية من العظم
- ملح وفلفل أسود حسب الرغبة
- نصف كوب أرز ياسمين
- 1 كوب مرق دجاج
- 1 ملعقة كبيرة زبدة ذائبة
- نصف ملعقة صغيرة زعفران

**تعليمات:**

a) أضف جميع المكونات باستثناء السمك إلى المقلاة التي تناسب المقلاة الهوائية ؛ ارم جيدا.

b) ضع الألم في المقلاة الهوائية واتركه على درجة حرارة 360 درجة فهرنهايت لمدة 15 دقيقة.

c) يُضاف السمك ، ويُغطّى ، ويُطهى على حرارة 360 درجة فهرنهايت لمدة 12 دقيقة أخرى.

d) قسّم كل شيء بين الأطباق وقدمها على الفور.

## 27. تونة بالزعفران والثوم

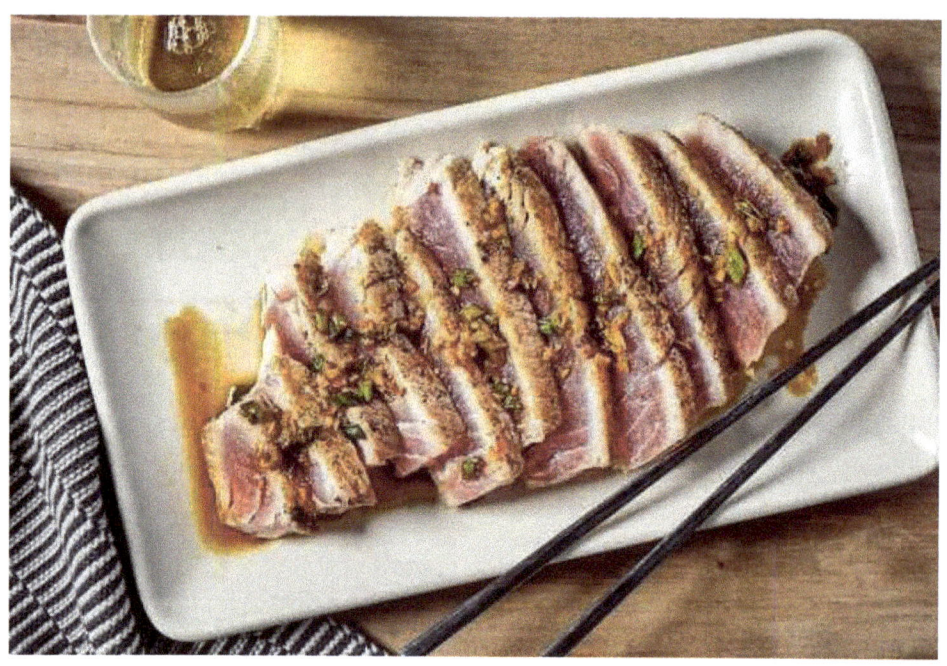

يصنع: 4 حصص

مكونات:

- ½ ملعقة صغيرة من خيوط الزعفران
- 1 ملعقة كبيرة ماء دافئ
- 1½ ملعقة كبيرة سمن أو زبدة
- 1 ملعقة كبيرة ثوم مفروم
- 1½ رطل فيليه تونة مقطعة مكعبات
- البقدونس أو الكزبرة وأوتاد الليمون للتزيين

**تعليمات:**

a) يُمزج الزعفران مع الماء في وعاء وينقع لمدة 10 دقائق.

b) سخني الزبدة في مقلاة صغيرة على نار متوسطة منخفضة. اطهي الثوم حتى يصبح لونه ذهبياً.

c) صفي الزبدة في وعاء كبير مع الاحتفاظ بقطع الثوم في المقلاة. عندما تبرد الزبدة ، أضيفي الزعفران وسائل النقع والملح حسب الرغبة.

d) قلبي السمك في هذا الخليط حتى تتغطى كل قطعة جيدًا. ضعي السمك في صينية خبز مبطنة بورق الألمنيوم.

e) اخبز حتى يصبح السمك معتمًا تمامًا ، حوالي 12 إلى 15 دقيقة عند 350. صفي العصير من مقلاة الخبز في مقلاة بالثوم.

f) قم بتشغيل الدجاج اللاحم وشواء السمك حتى يتحول لونه إلى اللون البني الفاتح. ضع السمك في طبق تقديم دافئ.

g) قللي الصلصة عن طريق وضع المقلاة التي تحتوي على السائل والثوم على نار متوسطة عالية. يُطهى لبضع دقائق مع التحريك المستمر.

h) عندما يثخن السائل قليلاً ، اسكبه فوق السمك.

i) يرش بعصير الليمون ويزين بالكزبرة / البقدونس ويقدم.

## 28. ماعز صغير مطبوخ باللوز والزعفران

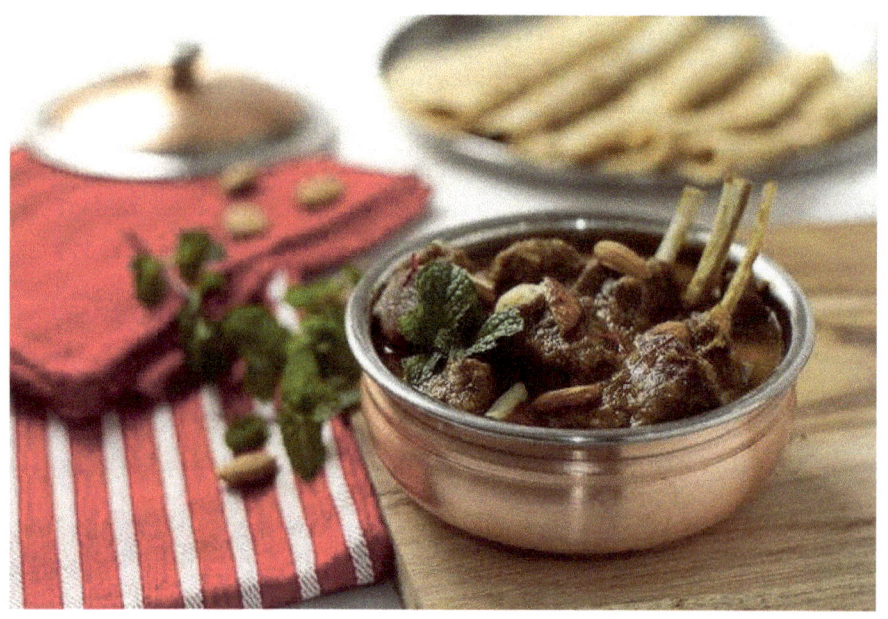

يصنع: 4 حصص

مكونات:
- 1 ملعقة كبيرة زبدة
- ربع كوب لوز كامل مقشر
- قرصة سخية من خيوط الزعفران
- 2 إلى 3 أونصات من البانسيتا ، على شريحتين سميكتين ، مقطعة إلى مكعبات
- 1 رطل من لحم الماعز الصغير المقطّع من الساق
- 1 بصلة مفرومة ناعماً
- 2 فص ثوم كبير مفروم
- 3 حبات طماطم ناضجة ، مقشرة ، مصنرة ومفرومة
- ملح وفلفل
- نصف ملعقة صغيرة زعتر مجفف
- 1 ورقة غار
- 4 حبات بطاطس خمرة مقشرة ومقطعة إلى أثمان

تعليمات:

a) تُسخن الزبدة في مقلاة غير لاصقة ويُقلى اللوز فيها حتى يتحول لونها إلى البني الفاتح. انقلي المزيج إلى وعاء محضرة الطعام وأضيفي الزعفران وقلبي المزيج حتى يصبح ناعماً. اجلس جانبا.

b) في نفس المقلاة ، اقلي البانسيتا حتى تنضج قليلاً ثم انقليها إلى قدر ثقيل. يُحمّر اللحم على دفعتين ويُضاف إلى البانسيتا.

c) يُقلى البصل حتى يصبح ذهبيًا ، مع إضافة القليل من الزبدة إذا لزم الأمر.

d) يُضاف إلى اللحم ويُضاف إليه الثوم والطماطم ومزيج اللوز والزعفران والزعتر وورق الغار. الموسم الى الذوق مع الملح والفلفل. أضف فقط ما يكفي من الماء لتغطية بالكاد.

e) يُغلى المزيج ويُخفّف الحرارة ويُغطّى المقلاة جزئيًا. يُترك على نار خفيفة لمدة ساعة أو حتى ينضج اللحم تقريبًا.

f) أضيفي البطاطس وادفعيها تحت اللحم واتركيها لمدة 15 دقيقة أخرى حتى تنضج.

**29. <u>فيليه لحم بقري على اليقطين وخفق الزعفران</u>**

يجعل: 1 حصة

مكونات:
- 200 جرام فيليه بقري
- 200 جرام من القرع المقشر
- 4 خيوط الزعفران. (من 4 إلى 5)
- 120 مل لحم بقري
- 1 ملعقة صغيرة فلفل أخضر
- ملح وفلفل

تعليمات:
a) لعمل رقائق اليقطين ، قشر شرائط اليقطين. تسخين الزيت إلى 180 درجة مئوية. ويقلى القرع حتى يصبح مقرمشًا ذهبيًا. اجلس جانبا.
b) نقطع اليقطين المتبقي إلى قطع ويغلي في قدر.
c) في مقلاة ساخنة ، ختم فيليه العين من جميع الجوانب. ضع اللحم في الفرن لمدة 20 دقيقة تقريبًا على حرارة 200 درجة مئوية. لشريحة لحم متوسطة. إذا لم تكن الصينية مقاومة للفرن ، انقلي اللحم إلى صينية للفرن.
d) عندما تصبح اليقطين طرية ، اهرسها بالزعفران. إضافة الملح والفلفل حسب الذوق.
e) ضعي الهريس على طبق ، ثم ضعي فوقها اللحم البقري. في نفس المقلاة ، أضيفي الجوس والفلفل وقلبي قليلاً.
f) يُسكب فوق اللحم البقري ويُزين برقائق اليقطين.

## 30. فخذ خروف مطبوخ بالزعفران

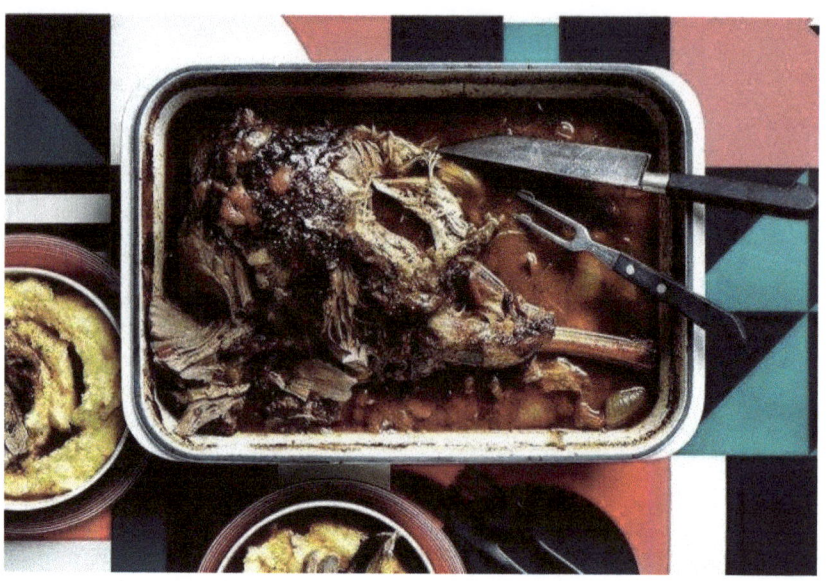

يجعل: 6 حصص

مكونات:

- 1½ كيلو فخذ خروف
- 1 ملعقة صغيرة من خيوط الزعفران
- 450 مل ماء بولينج
- 300 مل من اللبن الزبادي الطبيعي
- 2 ملاعق صغيرة ملح
- نصف ملعقة صغيرة فلفل أسود مطحون
- 6 فص ثوم مهروس
- 6 فلفل أخضر مفروم
- 25 جرام زبدة

تعليمات:

a) قسّم الزعفران واخلطه مع الماء المغلي. اجلس جانبا. تقليم كل الدهون من ساق الضأن.

b) اخلطي الزبادي والملح والفلفل والثوم والفلفل الحار مع ربع الزعفران. يُدهن هذا الخليط مع الزبدة في جميع أنحاء فخذ الخروف ، ثم لفه بورق الطهي ، لإحاطة جميع العصائر.

c) اخبزيها في فرن معتدل الحرارة (200 درجة مئوية ، 400 فهرنهايت ، غاز 6) لمدة ساعة.

d) يُفك ورق القصدير ويُسكب ربع الزعفران فوق اللحم.

e) استمر في الطهي لمدة 15 دقيقة أخرى ، ملفوفًا مرة أخرى في ورق القصدير. افتح الرقاقة واخبزها لمدة 20 دقيقة أخيرة. قبل التقديم بفترة وجيزة ، يُسكب الزعفران المتبقي فوق اللحم.

## 31. دجاج ، جمبري وشوريزو بايلا

مكونات:

- ½ ملعقة صغيرة من خيوط الزعفران، مسحوقة
- 2 ملاعق كبيرة زيت زيتون
- 1 رطل أفخاذ دجاج منزوعة الجلد والعظام ، مقطعة إلى 2 إنش
- 4 أونصات مطبوخة ومدخنة على الطريقة الإسبانية نقانق كوريزو مقطعة إلى شرائح
- 1 بصلة متوسطة مفرومة
- 4 فص ثوم مفروم
- 1 كوب طماطم مبشورة خشنة
- 1 ملعقة كبيرة فلفل حلو مدخن
- 6 أكواب مرق دجاج قليلة الصوديوم
- 2 كوب أرز إسباني قصير الحبة ، مثل بومبا أو كالاسبارا أو فالنسيا
- 12 جمبري كبير مقشر و منزوع العرق
- 8 أونصات بازلاء مجمدة مذابة
- زيتون أخضر مفروم (اختياري)
- بقدونس ايطالي مفروم

**تعليمات:**

a) في وعاء صغير ، يُمزج الزعفران مع 4/1 كوب من الماء الساخن. دعه يقف لمدة 10 دقائق.

b) في هذه الأثناء ، في مقلاة البايلا مقاس 15 بوصة ، يُسخن الزيت على نار متوسطة إلى عالية. أضيفي الدجاج إلى المقلاة. يُطهى مع التقليب بين الحين والآخر ، حتى يصبح الدجاج بنيًا ، حوالي 5 دقائق. أضف chorizo. طهي 1 دقيقة أكثر. انقل الكل إلى طبق. يُضاف البصل والثوم إلى المقلاة. يُطهى ويُحرَّك لمدة دقيقتين. أضف الطماطم والفلفل الحلو. يُطهى ويُحرَّك لمدة 5 دقائق أكثر أو حتى تتكاثف الطماطم وتشبه العجينة.

c) أعد الدجاج والكوريزو إلى المقلاة. يُضاف مرق الدجاج ومزيج الزعفران ونصف ملعقة صغيرة ملح. يُغلى المزيج على نار عالية. يُضاف الأرز إلى المقلاة مع التحريك مرة واحدة لتوزيعه بالتساوي. يُطهى المزيج بدون تقليب حتى يمتص الأرز معظم السائل لمدة 12 دقيقة تقريبًا. (إذا كانت المقلاة أكبر من الموقد ، فقم بتدويرها كل بضع دقائق للتأكد من طهي الأرز بالتساوي.) قلل الحرارة إلى درجة منخفضة. يُطهى ، بدون تقليب ، من 5 إلى 10 دقائق أخرى حتى يمتص كل السائل ويصبح الأرز نصف دينتي. وزعي عليها الجمبري والبازلاء. ارفع الحرارة. اطبخي بدون تقليب لمدة دقيقة إلى دقيقتين (يجب أن تبدو الحواف جافة ويجب أن تتكون قشرة في القاع). يزيل. غطي المقلاة بورق احباط. دعها ترتاح 10 دقائق قبل التقديم. نضع فوقها الزيتون ، إذا رغبت في ذلك ، والبقدونس.

## 32. أرز بني ريزوتو

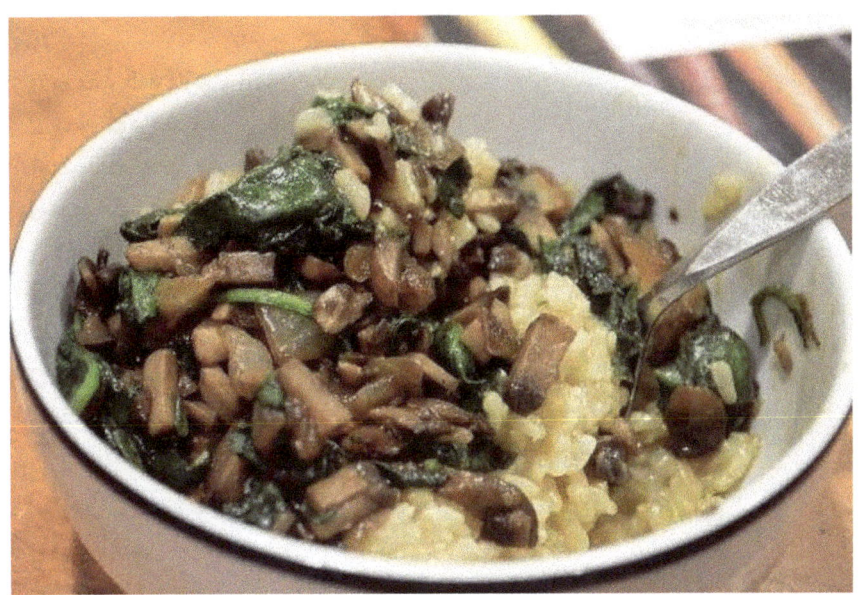

يجعل: 4 حصص

**مكونات:**
- 1 ملعقة كبيرة زيت زيتون بكر ممتاز
- 2 فص ثوم مفروم
- 1 طماطم مفرومة
- 3 حفنات من السبانخ الصغيرة
- 1 كوب فطر مفروم
- 2 كوب زهور البروكلي
- الملح والفلفل حسب الذوق
- 2 كوب أرز بني مطبوخ
- رشة زعفران

**ليخدم**
- البارميزان المبشور
- رقائق الفلفل الأحمر

تعليمات:
a) يحمى الزيت في مقلاة على نار متوسطة الحرارة.
b) اقلي الثوم حتى يبدأ في التحول إلى اللون الذهبي.
c) اخلطي الطماطم والسبانخ والفطر والبروكلي مع الملح والفلفل. اطبخي حتى تصبح الخضار طرية.
d) قلبي الأرز والزعفران ، واتركي عصير الخضار يتشرب في الأرز.
e) قدميها دافئة أو باردة مع جبن البارميزان ورقائق الفلفل الأحمر.

# 33. دجاج زيتون

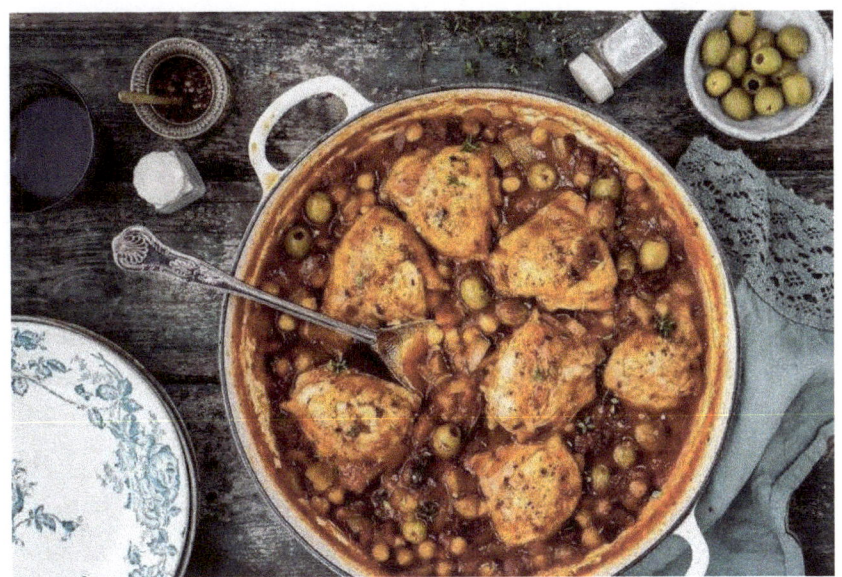

يجعل: 4

مكونات:
- 4 أفخاذ دجاج
- 1 ملعقة كبيرة عصير ليمون
- 2 ملاعق كبيرة زيت زيتون
- 2 بصل مقطع رقيق
- 2 ملاعق كبيرة من بشر الليمون المبشور
- 1 كوب زيتون منزوع النواة ومقطع إلى شرائح
- 3 فصوص ثوم مهروسة
- نصف ملعقة صغيرة من الزنجبيل المطحون
- ¼ ملعقة صغيرة من خيوط الزعفران، مسحوقة
- 1½ كوب مرق دجاج
- كوب بقدونس طازج مفروم
- كوب أوراق كزبرة طازجة مفرومة
- ملح
- فلفل أسود مطحون

تعليمات:
a) يُسكب عصير الليمون فوق الدجاج ويُرش بالملح والفلفل الأسود.
b) في فرن هولندي كبير ، سخني الزيت على نار عالية وحرق أفخاذ الدجاج لحوالي 4 إلى 6 دقائق على كل جانب.
c) اغلي باقي المكونات باستثناء الأعشاب.
d) اخفض الحرارة إلى متوسطة منخفضة واتركها تطهى لمدة ساعة و 15 دقيقة.
e) أضيفي الأعشاب واتركيها على نار هادئة لمدة 15 دقيقة أخرى.
f) قدميها على الفور.

## 34. فلاتبريدز الدجاج بالزعفران مع اللبن بالنعناع

يجعل: 2

مكونات:

● رشة زعفران
● 1 ملعقة كبيرة ماء مغلي
● 500 جرام أفخاذ دجاج منزوعة العظم والجلد
● 2 فص ثوم مقشر ومهروس
● 1 ملعقة صغيرة أوراق زعتر
● قشر 1 ليمون
● 4 ملاعق كبيرة زبادي يوناني
● 1 بصلة حمراء مقشرة ومقطعة إلى 8 أسافين
● 2 خبز مسطح
● 2 حفنة كبيرة من أوراق السلطة المشكلة
● 140 جرام طماطم كرزية ، مقطعة إلى أنصاف
● 2 ملاعق كبيرة بصل مقلي مقرمش (متوفر في السوبر ماركت) للتقديم (اختياري)
● لتحضير الزبادي بالنعناع
● 150 جرام زبادي يوناني
● حفنة صغيرة من أوراق النعناع ، مفرومة ناعماً
● عصير ليمون حسب الرغبة

تعليمات:

a) انقع 4 أسياخ من الخيزران في الماء لمدة 30 دقيقة على الأقل. سخن الفرن إلى 240 درجة مئوية / 220 درجة مئوية بمروحة / غاز 9.

b) باستخدام مدقة وهاون ، اطحني الزعفران إلى مسحوق ، ثم غطيه بالماء المغلي واتركيه ليجلس.

c) نقطع الدجاج إلى قطع 5 سم ونضعها في وعاء مع الثوم والزعتر وقشر الليمون والزبادي. يتبل بالملح والفلفل ويضاف ماء الزعفران ويخلط جيدا.

d) تُشوى قطع الدجاج في الأسياخ مع تبديلها بالبصل الأحمر. توضع على صينية تحميص غير لاصقة وتوضع على رف مرتفع في الفرن لمدة 12 دقيقة.

e) في هذه الأثناء ، اصنع الزبادي بالنعناع. يُمزج الزبادي مع النعناع ويُضاف عصير الليمون حسب الرغبة ويتبل بالقليل من الملح والفلفل. توضع جانبا لحين الحاجة.

f) ضعي الخبز المسطح على صينية خبز وضعيه في قاع الفرن حتى يسخن لبضع دقائق.

g) سخن الشواية. عندما ينضج الدجاج لمدة 12 دقيقة ، ضعه تحت الشواية واتركه يطهى لمدة 3-4 دقائق أخرى ، حتى يصبح لونه بنياً ذهبياً وينضج بالكامل.

h) ضعي الخبز المسطح على أطباق وافرد بعض الزبادي بالنعناع في المنتصف. أضيفي حفنة من أوراق السلطة لكل منهما وقسمي الطماطم بينهما. ضعي الأسياخ المطبوخة فوقها ورشيها بالبصل المقلي للتقديم.

## 35. الليمون والبازلاء ريستو تندريل

يجعل: 6 حصص

## مكونات:

- 3 فصوص ثوم
- 2 أوقية البازلاء المحلاق
- 1 ليمون
- 1 فلفل أحمر
- 1 بصلة صفراء
- 1 كوب أرز بومبا
- 3 ملاعق كبيرة خضار ديمي جلاس
- رشة زعفران
- ربع كوب جبن بارميزان مبشور
- 2 ملاعق كبيرة زبدة
- ¼ كوب صغير من البازلاء

## تعليمات:

☑ سخني ملعقتين كبيرتين من زيت الزيتون في قدر على نار معتدلة حتى يسخن. نضيف الثوم والبصل.

☑ يضاف الفلفل المقطع ويتبل بالملح والفلفل.

☑ يُطهى لمدة 3 إلى 5 دقائق ، مع التحريك كثيرًا ، أو حتى ينضج ونكهة.

☑ في إناء ، يُمزج ويُغلى الخضار ، الزعفران ، قشر الليمون ، 1 قطعة من عصير الليمون ، والماء.

☑ عندما يغلي الماء ، يُضاف الريزوتو ويُطهى لمدة 14 إلى 16 دقيقة مع التحريك بانتظام.

☑ أخرجي الريزوتو من المقلاة وضعيه في جبنة البارميزان ، البازلاء المقطعة ، والزبدة. اضف الملح والفلفل للمذاق.

☑ قلّب حتى يتجانس كل شيء تمامًا.

☑ ضعي حبّات البازلاء الكاملة في وعاء مع عصير شريحة ليمون وملعقة صغيرة من زيت الزيتون قبل التقديم مباشرة.

☑ يُزيّن بقطع 2 ويدجز الليمون المتبقيين والخضر الصغيرة.

# 36. أرز بني بالفطر ريزوتو

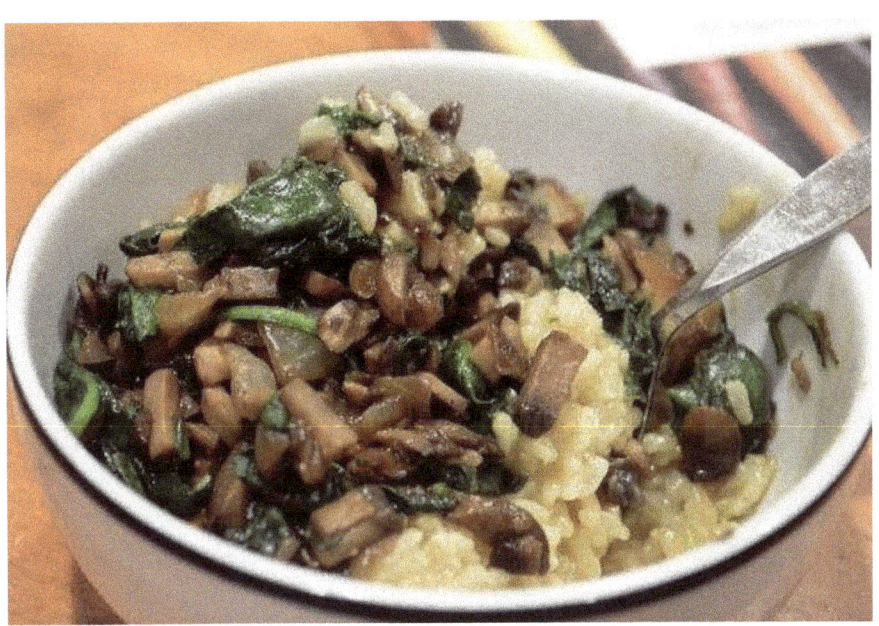

يصنع: 4 حصص

## مكونات:

- 1 ملعقة كبيرة زيت زيتون بكر ممتاز
- 2 فص ثوم مفروم
- 1 طماطم مفرومة
- 3 حفنات من السبانخ الصغيرة
- 1 كوب فطر مفروم
- 2 كوب زهور البروكلي
- الملح والفلفل حسب الذوق
- 2 كوب أرز بني مطبوخ
- رشة زعفران

## ليخدم

- البارميزان المبشور
- رقائق الفلفل الأحمر

تعليمات:

- ☑ يحمى الزيت في مقلاة على نار متوسطة الحرارة.
- ☑ اقلي الثوم حتى يبدأ في التحول إلى اللون الذهبي.
- ☑ اخلطي الطماطم والسبانخ والفطر والبروكلي مع الملح والفلفل. اطبخي حتى تصبح الخضار طرية.
- ☑ قلبي الأرز والزعفران ، واتركي عصير الخضار يتشرب في الأرز.
- ☑ قدميها دافئة أو باردة مع جبن البارميزان ورقائق الفلفل الأحمر.

## 37. بايلا الخضار

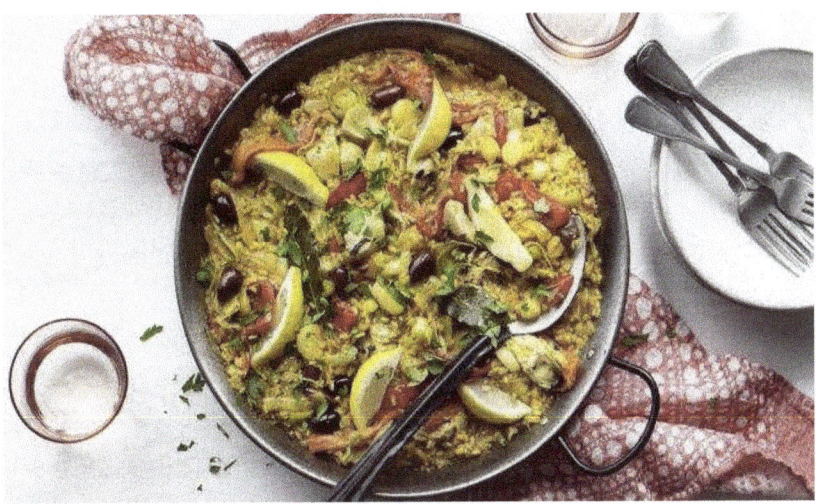

يصنع: 4 حصص

## مكونات:

- 2 ملاعق كبيرة زيت زيتون
- 2 حبة متوسطة الحجم من الجزر ، مقطعة إلى شرائح 14 بوصة
- 1 ضلع من الكرفس ، مقطع إلى شرائح 14 بوصة
- 1 بصلة متوسطة الحجم مفرومة
- 1 حبة متوسطة الحجم من الفليفلة الحلوة الحمراء ، مقطعة إلى مكعبات بحجم بوصة
- 3 فصوص ثوم مفرومة
- 8 أونصات من الفاصوليا الخضراء ، مقلمة ومقطعة إلى قطع بحجم 1 بوصة
- 1½ كوب فاصوليا حمراء داكنة مطبوخة
- علبة 14.5 أونصة من الطماطم المقطعة ، مصفاة
- 2½ كوب مرق خضروات محلي الصنع
- ملعقة صغيرة من البردقوش المجفف
- ½ ملعقة صغيرة فلفل أحمر مطحون
- نصف ملعقة صغيرة من بذور الشمر المطحونة
- نصف ملعقة صغيرة زعفران أو كركم
- نصف كوب أرز طويل الحبة
- 2 كوب فطر محار ، مغسول قليلاً ومربى جاف
- عبوة 14 أونصة من قلوب الخرشوف تم تجفيفها وتقطيعها إلى أرباع

## تعليمات:

- ☑ في قدر كبيرة ، سخني الزيت على نار متوسطة. أضيفي الجزر والكرفس والبصل والفلفل والثوم. غطي المزيج واطهيه لمدة 10 دقائق.
- ☑ نضيف الفاصوليا الخضراء والفاصوليا والطماطم والمرق والملح والأوريغانو والفلفل الأحمر المسحوق وبذور الشمر والزعفران والأرز. يُغطّى ويُترك على نار خفيفة لمدة 30 دقيقة.
- ☑ يضاف الفطر وقلوب الخرشوف. تذوق ، اضبط التوابل ، أضف المزيد من الملح إذا لزم الأمر. غطيه واتركيه ينضج لمدة 15 دقيقة أطول. قدميها على الفور.

## 38. ريزوتو القرنبيط بالزعفران

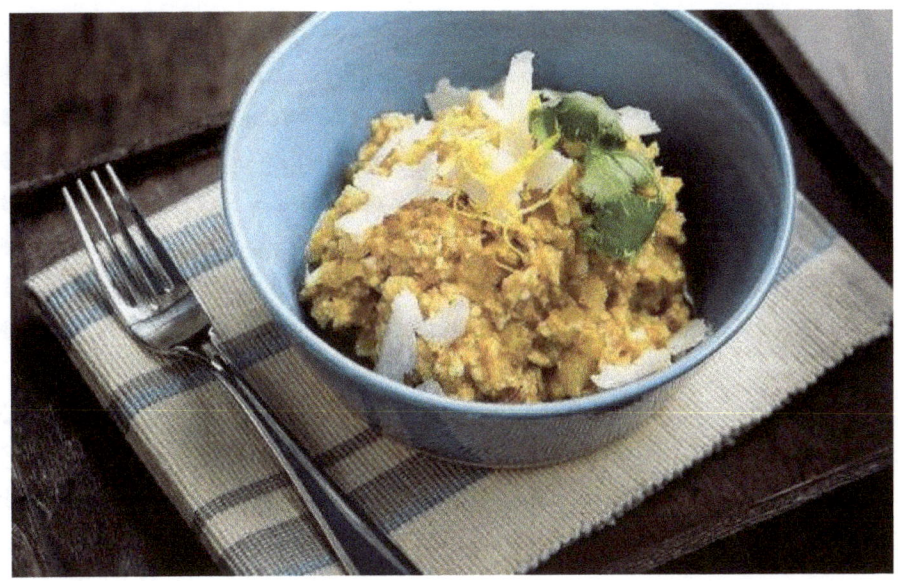

يجعل: 1 حصة

مكونات:
- 4 أونصات من الزبدة غير المملحة
- 1¼ كوب بصل مفروم ناعم
- 2¼ كوب أرز أربوريو
- 1 ملعقة صغيرة خيوط الزعفران
- 9 أكواب مرق دجاج خفيف مغلي
- 4 أكواب من زهيرات القرنبيط الصغيرة ، كل عرض على شكل مصغر
- ربع كوب بارميجيانو ريجيانو مبشور حديثًا

**تعليمات:**

☑ قم بإذابة 2 أونصة من الزبدة على نار متوسطة في قدر كبير ثقيل. يُضاف البصل المفروم ويُقلى حتى يصبح البصل طريًا وذهبيًا ، مع التحريك من وقت لآخر - حوالي 7 دقائق. أضف أرز أربوريو. يقلب جيدًا لتغليف الأرز بالزبدة. يرش بخيوط الزعفران. اطبخي لمدة دقيقة مع التحريك.

☑ تحويل الحرارة إلى متوسطة عالية. أضف كوبين من مرق الدجاج (أو ما يكفي لتغطية الأرز فقط). يقلب باستمرار. عندما يتم امتصاص معظم المرق ، أضف القرنبيط وحركه جيدًا. عندما يتم امتصاص كل مرق الغليان ، أضف ما يقرب من نصف كوب من المرق المغلي مع التحريك حتى يتم امتصاصه. كرر هذا الإجراء حتى ينضج الأرز. ستحتاجين إلى ما بين 9 إلى 12 كوبًا من المرق تمامًا.

☑ قلب ما تبقى من الزبدة مع الأرز ، جنبًا إلى جنب مع بارميجيانو ريجيانو المبشور حديثًا. اضبط الملمس بمرق إضافي. تذوقه للتتبيل ، وقدميه ساخناً من طبق كبير على أطباق دافئة.

## 39. فاصوليا سوداء مع أرز بالزعفران

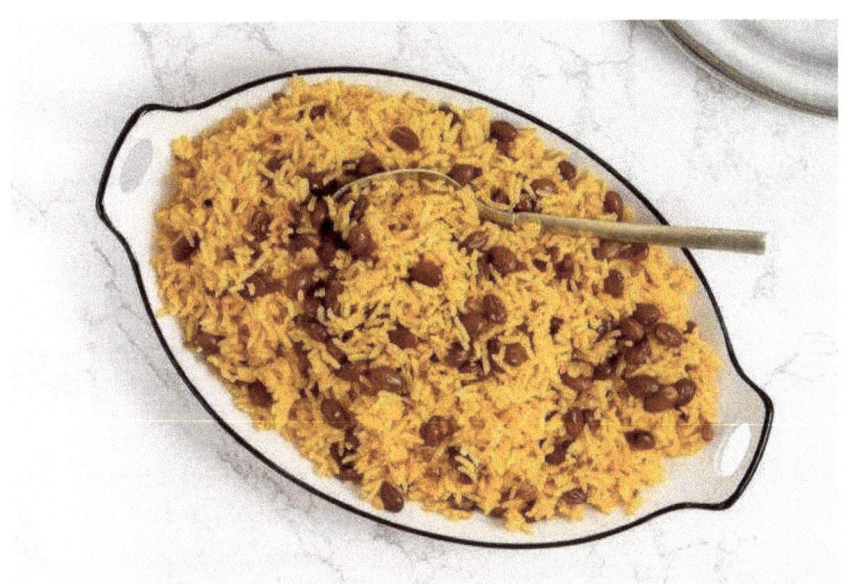

يصنع: 8 حصص

مكونات:
- 2 كوب فاصوليا سوداء
- 4 أكواب ماء
- 1 بصلة مقطعة أنصاف
- 3 أوراق غار
- 6 فصوص ثوم كاملة
- 2 كوب أرز
- نصف ملعقة صغيرة زعفران
- 6 حبات طماطم ، منزوعة البذور ومفرومة
- 2 كوب بصل مفروم
- 6 ملاعق كبيرة زيت زيتون
- 2 ملاعق كبيرة خل نبيذ
- 1 ملعقة صغيرة كمون مطحون
- نصف ملعقة صغيرة فلفل حريف
- 4 ملاعق كبيرة ريحان طازج أو بقدونس
- فلفل اسود

**تعليمات:**

☑ اشطف الحبوب وفرزها. ضعه في قدر كبير وثقيل بغطاء. غطيها بأربعة أكواب من الماء. يُغلى المزيج ويُغطى ويُرفع عن النار. اتركه لمدة ساعتين.

☑ أضيفي البصل المقطّع ، وأوراق الغار ، والثوم إلى الفول. يوضع على نار خفيفة ويطهى ، مغطى حتى تنضج الفاصوليا. حوالي 1 - إلى 2 ساعة. تحقق من الماء وأضف المزيد إذا لزم الأمر أثناء الطهي.

☑ انزع البصل وأوراق الغار وفصوص الثوم وتخلص منها. حافظ على دفء الفاصوليا.

☑ تحضير التزيين قبل حوالي ساعة من التقديم. ضعي الطماطم والبصل في وعاء التقديم. يُضاف زيت الزيتون والخل والكمون والحريف والبقدونس أو الريحان والفلفل الأسود حسب الرغبة. قلبي المزج.

☑ احضر 4 أكواب من الماء ليغلي في قدر ثقيل بغطاء محكم. نضيف الأرز وخيوط الزعفران (لا تستخدمي الكثير من الزعفران). يحرك المزيج جيداً ، يغطى ، خفف النار ويترك على نار خفيفة لمدة 20 دقيقة أو حتى يمتص الأرز كل الماء.

☑ للتقديم ، ضعي الأرز والفاصوليا السوداء وزينيه في أوعية منفصلة. يمكن للضيوف تقديم الطعام بأنفسهم عن طريق وضع حصة من الأرز ، مغطاة بالفاصوليا ، وأخيرًا بالزينة على أطباقهم.

## 40. تالياتيلي الزعفران مع الخضار الربيعية

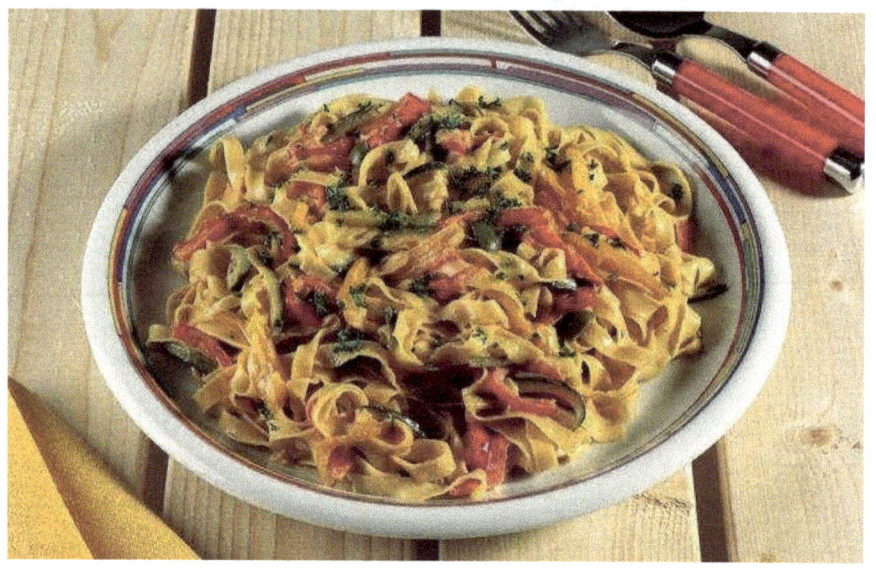

يجعل: 1 حصة

مكونات:

- سداة الزعفران
- 280 جرام دقيق سادة
- 1 ملعقة صغيرة ملح
- 1 ملعقة طعام زيت زيتون بكر ممتاز
- 1 بيضة
- 4 صفار بيض
- 30 جرام حبات الصنوبر
- 3 أغصان من إكليل الجبل الطازج
- 180 جرام كوسة صغيرة
- 120 جرام بصل أخضر
- 60 جرام مانج توت
- 1 ملعقة طعام زيت زيتون
- 300 مل قشطة مزدوجة
- 120 غرام فول صغير عريض ؛ الوزن المقصف
- 120 جرام من أطراف الهليون
- ملح وفلفل أسود مطحون
- الثوم المعمر الطازج مقطع
- أزهار الثوم المعمر وإكليل الجبل للتزيين

تعليمات:

☑ تحضير تالياتيلي الزعفران. ضعي حفنة من سداة الزعفران في وعاء صغير وأضيفي 3 ملاعق كبيرة من الماء المغلي. اتركيه ليبرد ، لإضفاء اللون والنكهة.

☑ توتر من خلال منخل ناعم.

☑ ضعي الدقيق والملح في الخلاط ، وأضيفي الزيت والبيض وصفار البيض. ابدأ تشغيل المحرك وأضف تدريجياً ضخ الزعفران عبر أنبوب التغذية. توقف عن المعالجة بمجرد أن تتماسك العجينة.

☑ اقلب العجين على سطح عمل مرشوش بالقليل من الدقيق واعجن حتى يصبح لامعًا وناعمًا. غلفيه بورق قصدير أو غلاف بلاستيكي واتركيه يبرد لمدة ساعة على الأقل.

☑ نقطع العجينة إلى نصفين ولف كل قطعة برفق. تقطع إلى شرائح بطول 60 سم. تجف قليلا ثم تقطع إلى تاجلياتيل. إذا كان لديك أسطوانة مكرونة ، فلفي العجينة إلى 6 ، ثم قطعيها إلى تاجلياتيل. شرائط جافة على أصوات متدحرجة أو مقبض مكنسة جديدة.

☑ تحضير صلصة الخضار الربيعية. نحمص حبات الصنوبر حتى تصبح ذهبية اللون تحت شواية ساخنة أو في مقلاة ثقيلة وجافة. فرم إكليل الجبل. قطع الكوسة إلى شرائح. تقليم البصل الأخضر مع تركه كاملاً. أعلى وذيل الجرب المرابح. يُغلى قدر كبير من الماء المملح ويُضاف ملعقة كبيرة من زيت الزيتون. ضعي إكليل الجبل والقشطة في مقلاة كبيرة. يُغلى المزيج ويُقلل قليلاً. أضف حبوبًا عريضة ونصائح الهليون واطهيها لمدة 30 ثانية. يُضاف البصل الأخضر ، وحلقات الكوسة ، والجرب. طهي لمدة 30 ثانية أخرى.

☑ قلب في حبات الصنوبر. أضيفي التالياتيلي إلى قدر من الماء المغلي ، وعودي إلى الغليان ، واتركيها على النار لمدة ثلاثين ثانية فقط. يُصفّى ويُشطف ويُضاف إلى الخضار والقشدة.

☑ يتبل حسب الذوق ويسخن من خلاله. قدمي المزين على الفور مع الثوم المعمر الطازج ، والزهور المعمر ، وغصن إكليل الجبل.

## 41. صافرعلى الارز مع البربري والفستق والاعشاب

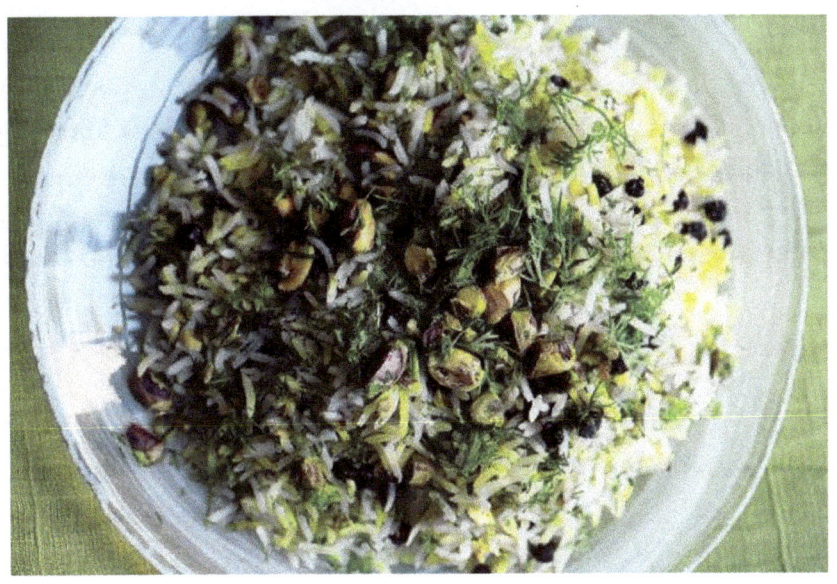

يجعل: 6

مكونات:

2½ ملعقة كبيرة / 40 جرام زبدة غير مملحة

2 كوب / 360 جرام أرز بسمتي ، مغسول بالماء البارد ومصفى جيداً

2⅓ كوب / 560 مل ماء مغلي

1 ملعقة صغيرة من خيوط الزعفران المنقوعة في 3 ملاعق كبيرة من الماء المغلي لمدة 30 دقيقة

نصف كوب / 40 غ من البرباريس المجففة ، منقوعة لبضع دقائق في ماء مغلي مع رشة سكر

1 أونصة / 30 جم شبت مفروم خشن

⅔ أوقية / 20 جرام من الشيرفيل ، مفرومة بشكل خشن

⅓ أوقية / 10 غ من الطرخون، مفروم خشن

كوب / 60 غ من الفستق الحلبي غير المملح المقطع أو المسحوق ، المحمص قليلاً

ملح وفلفل أبيض مطحون طازجًا

تعليمات:

نذوب الزبدة في قدر متوسطة الحجم ونقلب الأرز مع التأكد من أن الحبوب مغطاة بالزبدة. أضف الماء المغلي وملعقة صغيرة ملح وبعض الفلفل الأبيض. يُمزج جيدًا ، ويُغطّى بغطاء مُحكم ، ويُترك لينضج على نار خفيفة جدًا لمدة 15 دقيقة. لا تنجذب إلى الكشف عن المقلاة ؛ سوف تحتاج إلى السماح للأرز بالبخار بشكل صحيح. أبعدي مقلاة الأرز عن الحرارة - سوف يمتص الأرز كل الماء - وصُب ماء الزعفران على جانب واحد من الأرز، بحيث يغطي ربع السطح تقريبًا ويترك معظمه أبيض. قم بتغطية المقلاة على الفور بمنشفة شاي وأغلقها بإحكام بالغطاء. اتركيه جانباً لمدة 5 إلى 10 دقائق.

استخدمي ملعقة كبيرة لإزالة الجزء الأبيض من الأرز في وعاء خلط كبير وقومي بفركه باستخدام شوكة. صفي حبات البرباريس وقلبيها متبوعة بالأعشاب ومعظم الفستق ، مع ترك القليل منها للتزيين. اخلط جيدا. اقلب أرز الزعفران بالشوكة وقلبيه برفق مع الأرز الأبيض. لا تفرط في الخلط - فأنت لا تريد أن تلطخ الحبيبات البيضاء باللون الأصفر. الذوق وضبط التوابل. انقلي الأرز إلى وعاء تقديم ضحل ورشي باقي الفستق فوقه. خدمة الحارة أو في درجة حرارة الغرفة.

## 42. فافا فول كوكو

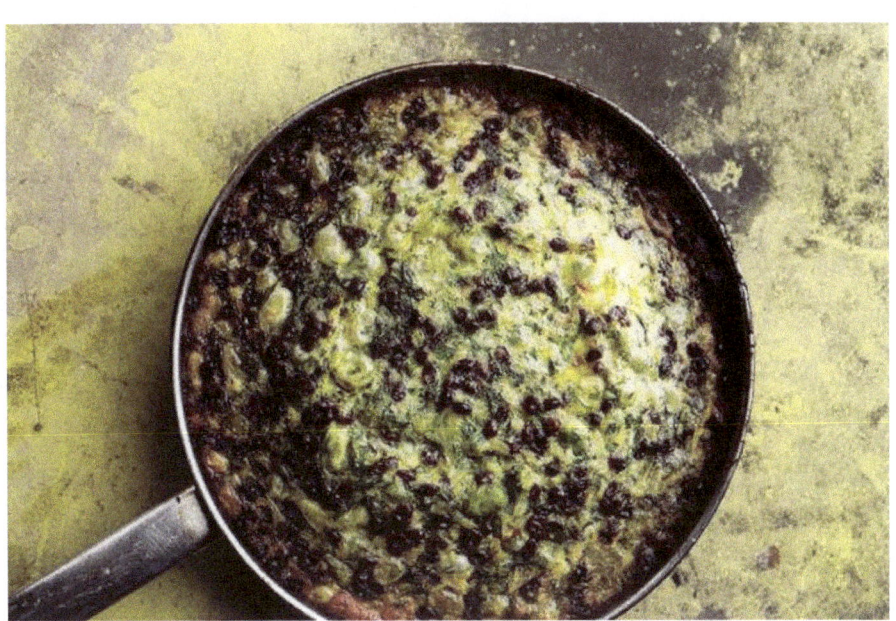

يجعل: 6

مكونات:
1 رطل / 500 جم فول مدمس طازج أو مجمد
5 ملاعق كبيرة / 75 مل ماء مغلي
2 ملعقة كبيرة سكر ناعم
5 ملاعق كبيرة / 45 جم من البرباريس المجفف
3 ملاعق كبيرة كريمة ثقيلة
¼ ملعقة صغيرة خيوط الزعفران
2 ملعقة كبيرة ماء بارد
5 ملاعق كبيرة زيت زيتون
2 بصلة متوسطة مفرومة ناعماً
4 فصوص ثوم مهروسة
7 بيضات كبيرة خالية من الدواجن
1 ملعقة كبيرة طحين لجميع الأغراض
نصف ملعقة صغيرة بيكنج بودر
1 كوب / 30 جم شبت مفروم
نصف كوب / 15 جم نعناع مفروم
ملح وفلفل أسود مطحون طازجًا

تعليمات:

سخني الفرن إلى 350 درجة فهرنهايت / 180 درجة مئوية. ضعي الفول في قدر به الكثير من الماء المغلي. يُترك على نار خفيفة لمدة دقيقة واحدة ، ثم يُصفى ، ويُنعش تحت الماء البارد ، ويُترك جانبًا.

صب 5 ملاعق كبيرة / 75 مل من الماء المغلي في وعاء متوسط الحجم ، ثم أضف السكر وحركه حتى يذوب. بمجرد أن يصبح هذا الشراب فاترًا ، أضف حبات البرباريس واتركها لمدة 10 دقائق ، ثم صفيها.

يُغلى الكريم والزعفران والماء البارد في قدر صغير. يُرفع فوراً عن النار ويترك جانباً لمدة 30 دقيقة لينقع.

سخني 3 ملاعق كبيرة من زيت الزيتون على نار متوسطة في مقلاة 10 إنش / 25 سم غير لاصقة ومقاومة للفرن يكون لديك غطاء لها. يُضاف البصل ويُطهى لمدة 4 دقائق مع التحريك من حين لآخر ، ثم يُضاف الثوم ويُطهى ويُحرَّك لمدة دقيقتين إضافيتين. يقلب الفول ويوضع جانبا.

يخفق البيض جيدًا في وعاء خلط كبير حتى يصبح رغويًا. أضيفي الدقيق والبيكنج بودر وكريم الزعفران والأعشاب ونصف ملعقة صغيرة ملح ونصف ملعقة صغيرة فلفل واخفقي جيدًا. أخيرًا ، أضيفي البرباريس ومزيج الفول والبصل.

امسحي المقلاة ونضيفي زيت الزيتون المتبقي وضعيها في الفرن لمدة 10 دقائق حتى تسخن جيداً. يُسكب مزيج البيض في المقلاة الساخنة ويُغطى بالغطاء ويُخبز لمدة 15 دقيقة. أزيلي الغطاء واخبزيه لمدة 20 إلى 25 دقيقة أخرى ، حتى ينضج البيض. أخرجيها من الفرن واتركيها ترتاح لمدة 5 دقائق ، قبل قلبها على طبق التقديم. خدمة الحارة أو في درجة حرارة الغرفة.

**43. أرز بالزعفران مع البرباريس والفستق والأعشاب**

يجعل: 6

مكونات:
½2 ملعقة كبيرة / 40 جرام زبدة غير مملحة
2 كوب / 360 جرام أرز بسمتي ، مغسول بالماء البارد ومصفى جيداً
⅓2 كوب / 560 مل ماء مغلي
1 ملعقة صغيرة من خيوط الزعفران المنقوعة في 3 ملاعق كبيرة من الماء المغلي لمدة 30 دقيقة
نصف كوب / 40 غ من البرباريس المجففة ، منقوعة لبضع دقائق في ماء مغلي مع رشة سكر
1 أونصة / 30 جم شبت مفروم خشن
⅔ أوقية / 20 جرام من الشيرفيل ، مفرومة بشكل خشن
⅓ أوقية / 10 غ من الطرخون، مفروم خشن
كوب / 60 غ من الفستق الحلبي غير المملح المقطع أو المسحوق ، المحمص قليلاً
ملح وفلفل أبيض مطحون طازجًا

تعليمات:
نذوب الزبدة في قدر متوسطة الحجم ونقلب الأرز مع التأكد من أن الحبوب مغطاة بالزبدة. أضف الماء المغلي وملعقة صغيرة ملح وبعض الفلفل الأبيض. يُمزج جيدًا ، ويُغطّى بغطاء مُحكم ، ويُترك لينضج على نار خفيفة جدًا لمدة 15 دقيقة. لا تنجذب إلى الكشف عن المقلاة ؛ سوف تحتاج إلى السماح للأرز بالبخار بشكل صحيح.
أبعدي مقلاة الأرز عن الحرارة - سوف يمتص الأرز كل الماء - وصُب ماء الزعفران على جانب واحد من الأرز ، بحيث يغطي ربع السطح تقريبًا ويترك معظمه أبيض. قم بتغطية المقلاة على الفور بمنشفة شاي وأغلقها بإحكام بالغطاء. اتركيه جانباً لمدة 5 إلى 10 دقائق.
استخدمي ملعقة كبيرة لإزالة الجزء الأبيض من الأرز في وعاء خلط كبير وقومي بفركه باستخدام شوكة. صفي حبات البرباريس وقلبيها متبوعة بالأعشاب ومعظم الفستق ، مع ترك القليل منها للتزيين. اخلط جيدا. اقلب أرز الزعفران بالشوكة وقلبيه برفق مع الأرز الأبيض. لا تفرط في الخلط - فأنت لا تريد أن تلطخ الحبيبات البيضاء باللون الأصفر. الذوق وضبط التوابل. انقلي الأرز إلى وعاء تقديم ضحل ورشي باقي الفستق فوقه. خدمة الحارة أو في درجة حرارة الغرفة.

## 44. دجاج مشوي مع القدس الأرضي شوكي والليمون

يجعل: 4

مكونات:

1 رطل / 450 جم خرشوف القدس مقشر ومقطع طوليًا إلى 6 أسافين ⅔ بوصة / سمك 1.5 سم

3 ملاعق كبيرة عصير ليمون طازج

8 أفخاذ دجاج مغموسة بالعظم ، أو 1 دجاجة كاملة متوسطة ، مقطعة إلى أرباع

12 موزة أو حبات من الكراث الكبير ، مقطعة إلى نصفين بالطول

12 فص ثوم كبير مقطع إلى شرائح

1 ليمونة متوسطة ، نصفها بالطول ثم مقطعة إلى شرائح رقيقة جداً

1 ملعقة صغيرة خيوط الزعفران

3½ ملعقة كبيرة / 50 مل زيت زيتون

4/1 كوب / 150 مل ماء بارد

1¼ ملعقة كبيرة فلفل وردي، مهروس قليلاً

نصف كوب / 10 جم أوراق زعتر طازجة

1 كوب / 40 غ من أوراق الطرخون، المقطعة

2 ملعقة صغيرة ملح

½ ملعقة صغيرة فلفل أسود مطحون طازجًا

تعليمات:

ضعي خرشوف القدس في قدر متوسطة الحجم ، غطيها بكمية كبيرة من الماء ، وأضيفي نصف عصير الليمون. يُغلى المزيج ، ثم تُخفف النار ، ويُترك على نار خفيفة لمدة 10 إلى 20 دقيقة ، حتى تنضج ولكن ليس طريًا. يصفى ويترك ليبرد.

ضع خرشوف القدس وجميع المكونات المتبقية ، باستثناء عصير الليمون المتبقي ونصف الطرخون ، في وعاء خلط كبير واستخدمي يديك لخلط كل شيء معًا جيدًا. يغطى ويترك لينقع في الثلاجة طوال الليل ، أو لمدة ساعتين على الأقل.

سخني الفرن مسبقًا إلى 475 درجة فهرنهايت / 240 درجة مئوية. رتبي قطع الدجاج ، بحيث يكون الجلد متجهًا لأعلى ، في منتصف مقلاة الشوي ووزعي باقي المكونات حول الدجاج. شوي لمدة 30 دقيقة. غطي المقلاة بورق الألمنيوم واطهيه لمدة 15 دقيقة أخرى. في هذه المرحلة ، يجب أن ينضج الدجاج تمامًا. نخرجه من الفرن ونضيف الطرخون المحفوظ وعصير الليمون. يقلب جيدًا وتذوق ويضاف المزيد من الملح إذا لزم الأمر. قدميها مرة واحدة.

**45. توبيتي على طريقة الريزوتو مع الزعفران**

يجعل: 4

مكونات:
5 أكواب مرق دجاج
نصف كوب زيت زيتون بكر ممتاز
1 كوب بصل أصفر مفروم (حوالي 1 بصلة متوسطة)
الملح كوشير
2 كوب معكرونة توبيتي صغيرة
½ ملعقة صغيرة من خيوط الزعفران
2 ملاعق كبيرة زبدة غير مملحة
ربع كوب جبن بارميجيانو ريجيانو المبشور حديثًا ، بالإضافة إلى المزيد للتزيين


تعليمات:
1. سخني المرق وعرق البصل. في قدر ، سخني مرق الدجاج حتى يغلي على نار متوسطة. أطفئ النار. بينما ينضج المرق ، في قدر كبير مرتفع الجوانب ، سخني زيت الزيتون على نار متوسطة حتى يسخن. يضاف البصل ويتبل بملعقة صغيرة ملح. يُطهى مع التحريك من حين لآخر لمدة 3 إلى 4 دقائق ، حتى يصبح طريًا وشفافًا ولكن ليس بنيًا.
2. نخب المعكرونة. تُضاف المعكرونة وتُطهى مع التحريك من حين لآخر لمدة 5 إلى 6 دقائق حتى تصبح ذهبية اللون. يُضاف الزعفران ويُطهى مع التحريك المتكرر لمدة 30 إلى 45 ثانية حتى تفوح رائحته.
3. أضف المخزون. يُضاف 1½ كوب من المرقة ويُطهى مع التحريك المتكرر لمدة 5 إلى 6 دقائق ، حتى يتم امتصاص كل السائل. كرري العملية مع ما تبقى من المرقة مع إضافة 1 إلى 1½ كوب في المرة الواحدة مع التقليب حتى يتم امتصاص معظم السائل قبل كل إضافة لمدة 15 إلى 20 دقيقة إجمالاً. يجب أن تكون المعكرونة في حالة جيدة ، وسيتبقى القليل من السائل.
4. الانتهاء من توبيتي. خففي النار وقلبي الزبدة. نرفع عن النار ونقلب نصف كوب جبن. انقليها إلى طبق التقديم ، وضعي عليها المزيد من الجبن ، وقدميها.

## 46. كاسكاديا فيديوا

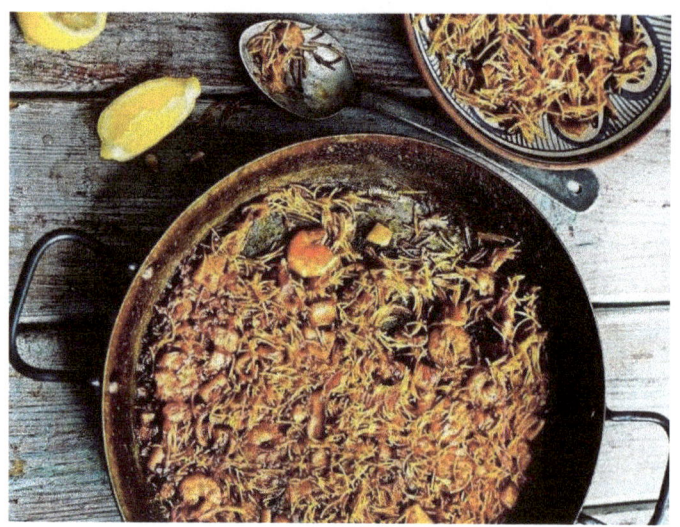

يصنع: 4 حصص

مكونات:
- 3 أكواب مرق دجاج أو أكثر إذا لزم الأمر
- 2 فص ثوم مفروم
- رشة زعفران
- 1 كوب بانسيتا بيكون ، مكعبات
- 2 ملاعق كبيرة زيت زيتون ، مقسمة
- نصف كوب جزر مقطع
- كوب قلوب خرشوف مجمدة مذابة
- نصف كوب فاصوليا خضراء طازجة
- 2 كوب بصل أبيض مقطع إلى مكعبات
- 1 رشة ملح وفلفل أسود حسب الرغبة
- 2 كوب طماطم مقطعة
- 1 عبوة إسباجيتي (16 أونصة) ، مقسمة إلى قطع بحجم 2 بوصة

تعليمات:

a) يُمزج مرق الدجاج والثوم والزعفران في قدر. يسخن حتى يسخن ، لكن ليس ساخنًا جدًا لوضع إصبعك فيه. غطيه ، واحتفظي بالدفء على نار خفيفة حتى يمكن للزعفران أن ينقع أثناء متابعة الوصفة.

b) قم بطهي البانسيتا المقطعة وقلبيها في مقلاة من الحديد الزهر على نار متوسطة حتى يتخلص من معظم الدهون وينضج البانسيتا إلى الدرجة التي تريدها من النضج ، حوالي 10 دقائق. بمجرد الانتهاء من ذلك ، قم بإزالة البانسيتا واتركها جانبًا.

c) تخلصي من الدهن واسكبي ملعقة كبيرة من زيت الزيتون. يُطهى ويقلب الجزر وقلوب الخرشوف والفاصوليا الخضراء حتى تبدأ الخضار في النعومة ، ثم يُرفع من المقلاة ويُترك جانبًا. سخني الملعقة الكبيرة المتبقية من زيت الزيتون في المقلاة وقلبي البصل. يتبل بالملح والفلفل ويطهى حتى ينضج البصل لمدة 10 دقائق. أضيفي الطماطم ، واطبخي حتى يصبح خليط الطماطم والبصل معجونًا تقريبًا ، لمدة 15 إلى 20 دقيقة.

d) يُوزّع مزيج البصل بالتساوي على قاع المقلاة ، ويُرش بالتساوي مع قطع السباغيتي المكسورة. صب ما يكفي من مرق الزعفران لتغطية المعكرونة ، ثم رتب البانسيتا والخضروات المطبوخة فوقها. أضف مرق الزعفران الإضافي حسب الحاجة لتغطية الخضار. يُغلى المزيج على نار هادئة ، ثم تُخفّف الحرارة إلى متوسطة منخفضة ، ويُطهى حتى تنضج النودلز ، لمدة 15 دقيقة تقريبًا.

## 47. أرز بالزبدة بالزبدة

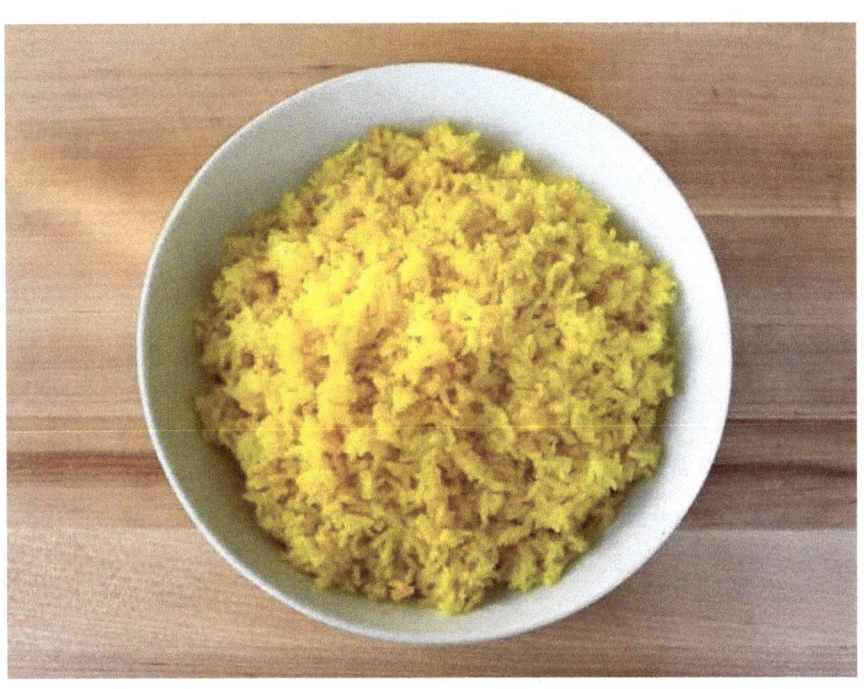

يصنع: 6 حصص

مكونات:
- 2 ملاعق صغيرة الزعفران. أوراق الزعفران
- 2 ملاعق كبيرة حليب ملح دافئ
- 2 كوب أرز بسمتي
- 4 ملاعق كبيرة زبدة

تعليمات:
a) ضع الزعفران في مقلاة صغيرة وجافة وساخنة على نار متوسطة لمدة دقيقة أو حتى تفوح رائحته. تنقع في الحليب.

b) املأ قدرًا كبيرًا بحوالي 13 كوبًا من الماء ؛ يضاف الملح ويترك حتى يغلي.

c) في هذه الأثناء ، ضعي الأرز في وعاء متوسط الحجم وغطيه بالماء البارد.

d) صفي الأرز على الفور من خلال المصفاة. اغسل وصفي مرتين أخريين.

e) عندما يغلي الماء يضاف الأرز ويقلب مرة واحدة. وصل الى درجة الغليان. طهي 5 دقائق يجب أن يكون الأرز صعبًا قليلاً في الوسط.

f) صفيها في مصفاة وضعيها في طبق فرن. يُسكب حليب الزعفران فوق الأرز ، ويُقلب مرتين بلطف شديد. قسّم الزبدة إلى أربع قطع. ضعه فوق الأرز.

g) قطع من رقائق الألومنيوم 2 بوصة أكبر من حافة الطبق ؛ ضع فوق الطبق ضع الغطاء على ورق القصدير. اخبزيها في فرن محمى على درجة 300 فهرنهايت لمدة 40 إلى 50 دقيقة ، والتحقق بعد 40 دقيقة لمعرفة ما إذا كان الأرز قد نضج.

h) قدمي أرز مخطط بلون الزعفران مع ملعقة على طبق دافئ.

## 48. ميداليات السلمون مع صوص الزعفران

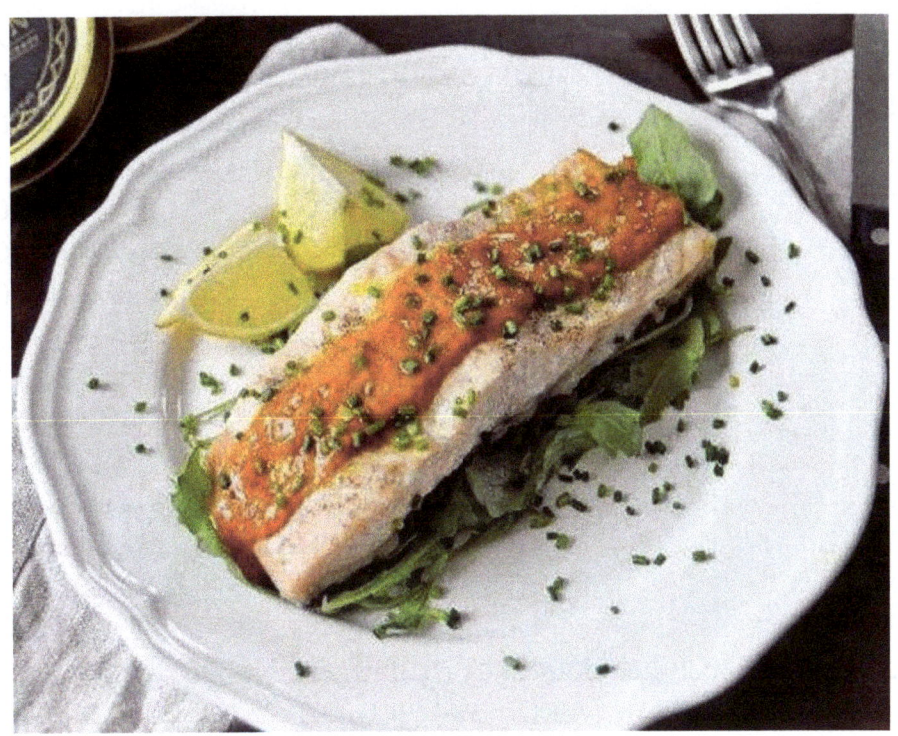

يصنع: 6 حصص

مكونات:

600 جرام فيليه سلمون تسمانيا منزوع الجلد والعظام

50 جرام إسكالوت مفرومة ناعماً

1 فص ثوم صغير مفروم ناعماً

60 جرام زبدة

40 مل فيرماوث

60 مل نبيذ أبيض جاف

1 لتر مرق سمك حار

2 إلى 3 كراث

رشة سخية من خيوط الزعفران

90 مل كريم

1 ملعقة صغيرة عصير ليمون

2 ملاعق كبيرة من الثوم المعمر المفروم ناعما

سمك السلمون رو

تعليمات:

تُقطّع شرائح السلمون إلى نصفين بالطول وتترك جانبًا. تقليم الكراث والتخلص من الأوراق الخارجية القاسية. قطعيها إلى نصفين بالطول واغسليها جيدًا تحت الماء الجاري البارد. سلق في الماء المغلي حتى ينضج. يُصفّى ويُنعش بالماء البارد. صفيها مرة أخرى لإزالة الماء الزائد. اختر شرائح الكراث من نفس الحجم تقريبًا ، وتخلص من أي شرائح كبيرة جدًا أو مكسورة إلى قطع. افرد ورقة من ورق القصدير كبيرة بما يكفي لتغطية نصف سمك السلمون وضع شرائح الكراث عموديًا في الأعلى ، مع تداخل حوافها قليلاً ومطابقتها مع طول قطعة السلمون. ضع السلمون على فراش الكراث ولفه في ورق القصدير لتشكيل شكل السجق ، وإغلاق الأطراف. كرري العملية مع شريحة السلمون الأخرى. اخبزيها في فرن مسخن على درجة حرارة 100 درجة مئوية لمدة 20 دقيقة.

لتحضير الصلصة: يُطهى القشر المفروم والثوم في نصف كمية الزبدة على نار خفيفة حتى يصبح الإسكالوت طريًا وشفافًا.

يُضاف الخمور والنبيذ ويُطهى على نار خفيفة حتى ينخفض تمامًا. يُضاف مرق السمك والزعفران ويُطهى حتى يتقلص إلى الثلث. أضيفي الكريمة واطهيه لمدة 5 دقائق أخرى ، ثم صفيه ، أضيفي عصير الليمون والثوم المعمر واخفقي مع الزبدة المتبقية.

للتقديم: قطعي كل قطعة سلمون إلى 6 ميداليات. ضعي ميداليتين على كل طبق ، وضعي بعض الصلصة حولها ورشي القليل من بطارخ السلمون.

يصنع: 4 حصص

مكونات:
1 رطل أسقلوب البحر مقشر ومشطوف ومربى جافًا
5 ملاعق كبيرة زبدة
1 حبة الكراث المفروم
¼ ملعقة صغيرة زعفران
1 ملعقة صغيرة كونياك
1 ملعقة صغيرة خميرة جافة
2 حبة طماطم كبيرة ، قشر ، بذرة و فرم خشن
¼ رطل فطر مقطع شرائح رقيقة
2 كوب كريمة ثقيلة
ملح فلفل
طبق بيلاف الأرز
لصنع بيلاف الأرز يُقلى نصف كوب من الأرز الأبيض في القليل من الزيت أو الزبدة في قدر، ويُضاف كوب من الماء المغلي. غطي المزيج واطهيه برفق حتى يمتص كل السائل - حوالي 20 دقيقة.

سخني الزبدة في مقلاة غير تفاعلية وأضيفي الكراث. بمجرد أن يصبح الكراث شفافًا ، أضيفي الإسكالوب والزعفران وتبليه بالملح / الفلفل. غطيها واتركيها لمدة دقيقتين. نضيف الكونياك والفيرموث ثم الطماطم. غطيها واتركيها لمدة 8 دقائق.

أزيلي الإسكالوب ورتبيه في طبق تقديم دافئ. قم بطهي الصلصة مكشوفة على نار متوسطة عالية حتى تتكاثف قليلاً. يُغطى الإسكالوب بالصلصة ، ويُقدم مع أرز بيلاف.

## 50. دجاج مقلي بالطماطم والزعفران

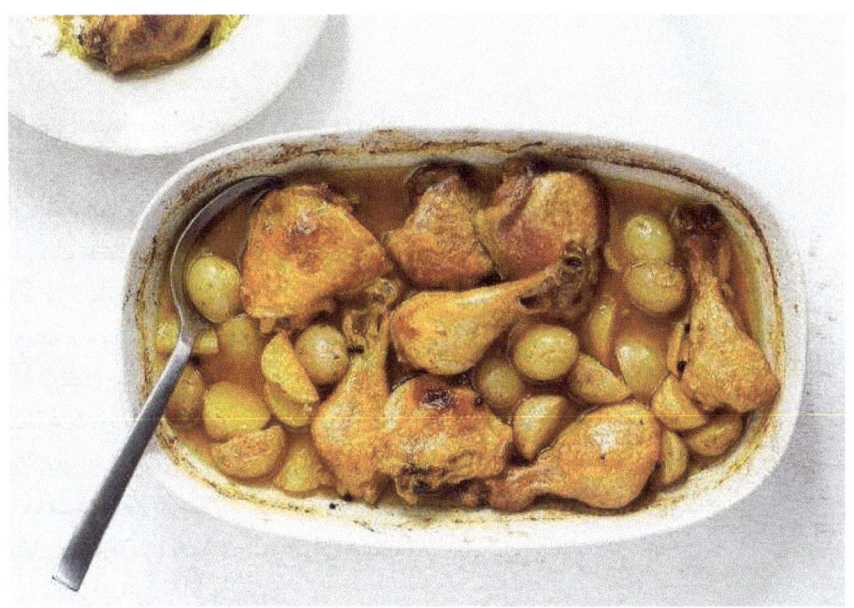

يجعل: 4 حصص

مكونات:

1 3 2/1 رطل دجاج مقطع

2 رطل من الطماطم الناضجة المفرومة أو-

2 28 أوقية. علب الطماطم البرقوق ، تجاهل عصير.

6 حبات من الثوم ، مفرومة

½ بصل متوسط الحجم مفروم خشن

1 شريط من بشر البرتقال

2 أنشوجة ، مغسولة ، تجفيف ومفروم

15 حبة زيتون منزوع النواة ومفرومة بشكل خشن

2½ ملعقة كبيرة زيت زيتون

2 ورق الغار

نصف ملعقة صغيرة زعتر

⅛ ملعقة صغيرة من خيوط الزعفران مفتتة

¼ كوب نبيذ أبيض جاف

1 كوب مرق دجاج

نصف ملعقة صغيرة فلفل حريف

2 ملاعق كبيرة بقدونس مفروم

ملح وفلفل

تُربت قطع الدجاج الجافة وتُرش بالملح والفلفل. قشر وقطّع الطماطم الطازجة أو استنزاف البذور وقطع الطماطم المعلبة. سخني 1½2 ملعقة كبيرة زيت زيتون في مقلاة 12 إنش واقلي الدجاج حتى يصبح لونه بني فاتح.

انقله إلى طبق واتركه جانباً. يُسخن المتبقي 1 ملعقة كبيرة زيت زيتون ، يُضاف البصل وورق الغار والزعتر ويُقلى حتى ينضج البصل. يضاف الثوم ويقلى حتى تفوح رائحته. يُضاف الزعفران والنبيذ الأبيض ويُترك على نار خفيفة حتى يتبخر النبيذ تقريبًا. يُضاف المرق ويُترك على نار خفيفة حتى يقل السائل إلى نصف كوب حوالي 8 دقائق. أضيفي الطماطم والحريف وبرش البرتقال والأنشوجة. يُعاد الدجاج إلى المقلاة ويُطهى لمدة 20 دقيقة أو على نار متوسطة. يُضاف الزيتون ويُحرك التتبيل. يُزين بالبقدونس المفروم ويُقدّم.

## 51. سمك الهلبوت المسلوق في مرق الزعفران

يجعل: 4 حصص

مكونات:
كوب نبيذ أبيض
1 كوب مرق سمك أو خضروات
أو مرق الخضار المعلب
3 فصوص ثوم مفرومة
1 بصلة صغيرة مفرومة خشنة
1 جزرة صغيرة مفرومة خشنة
رشة زعفران
نصف ملعقة صغيرة كمون مطحون
1 ورقة غار
رشة ملح
نصف ملعقة صغيرة فلفل أسود مطحون طازجًا
4 شرائح سمك الهلبوت

في مقلاة كبيرة على نار عالية ، يُغلي النبيذ الأبيض والمرق والثوم والبصل والجزر والزعفران والكمون المطحون وورق الغار والملح والفلفل.

اخفض الحرارة ، وعندما يغلي المزيج على نار هادئة ، أضيفي سمك الهلبوت. يُطهى لمدة 3 إلى 5 دقائق على كل جانب لسمك فيليه 1 بوصة / 2 سم. أخرج السمك بملعقة مثقوبة.

قدمي الهلبوت مع الأرز المطهو على البخار ورشي القليل من سائل السلق.

## 52. ريزوتو كبد البط

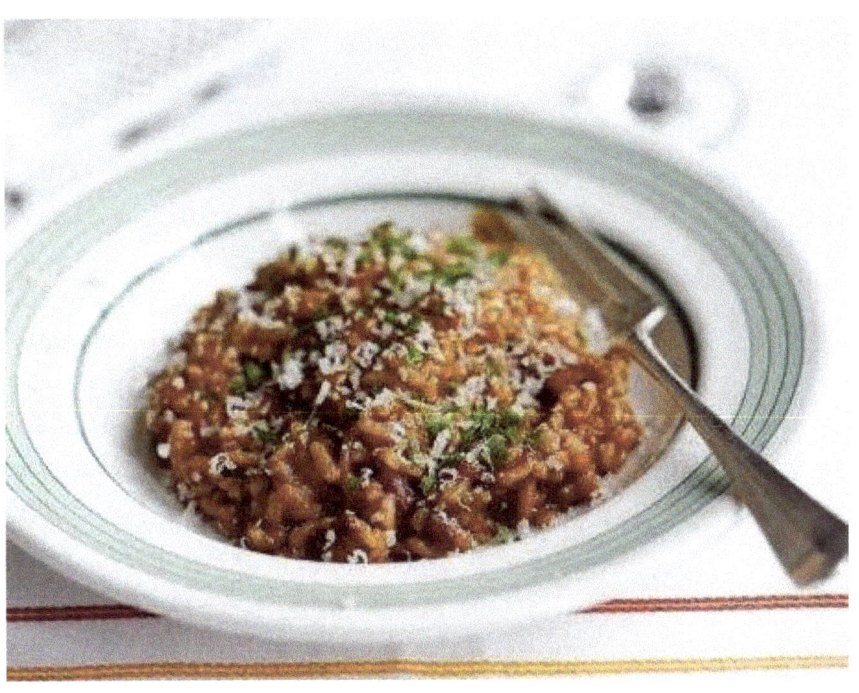

يصنع: حصة واحدة

**مكونات:**

- 30 جرام حبات الصنوبر
- كبد من 2 بط
- لبن؛ للنقع
- ملح وفلفل أسود مطحون
- 1 بصلة
- 2 فص ثوم دهن
- 5 ملاعق كبيرة زيت زيتون بكر ممتاز
- 225 جرام أرز أربوريو أو ريزوتو
- سداة جيدة من الزعفران
- 1 فلفل أصفر
- 1⅛ لتر من مرق البط
- 4 سيقان زعتر أو بردقوش ذهبي
- 24 زيتون أخضر (24 إلى 30)
- 15 جرام زبدة غير مملحة
- 2 ملاعق كبيرة ماديرا
- 2 ملاعق كبيرة من الثوم المعمر الطازج. مقطع

تعليمات:

a) نحمص حبات الصنوبر تحت شواية ساخنة أو في مقلاة جافة حتى تصبح ذهبية اللون.

b) تقليم الكبد وإزالة أي أجزاء خضراء. نقع في القليل من الحليب لمدة 15 دقيقة لإزالة أي أثر للمرارة. شطف في الماء البارد واتركها حتى تجف. تقطع إلى نصفين وتتبل برفق.

c) يقشر البصل ويقطع ناعما. قشر وسحق الثوم. يُحمّى زيت الزيتون في مقلاة كبيرة أو مقلاة الريزوتو ويُضاف البصل والثوم ويُطهى حتى يصبح طرياً.

d) أضف الأرز والزعفران. يقلب جيدًا حتى يغطى الأرز تمامًا ويمتص الزيت. الموسم بخفة.

e) نقطع الفلفل إلى نصفين ونزيل اللب والبذور والغشاء. قطع اللحم ناعما. أضف إلى التحريك.

f) أضف نصف مخزون تدريجيا. وصل الى درجة الغليان. خففي الحرارة حتى يغلي ببطء واتركيه حتى ينضج الأرز تقريبًا. استمر في إضافة القليل من المرق ، رج المقلاة بشكل متكرر.

g) اقطع أوراق البردقوش أو البردقوش وقطّعها. أضف الزيتون والطماطم المجففة إلى المقلاة بعد أن ينضج الأرز لمدة 10 دقائق. أضف حبات الصنوبر المحمص بعد دقيقتين أو ثلاث دقائق أخرى.

h) تذوب الزبدة في مقلاة ساخنة. يقلى الكبد بخفة من جميع الجوانب بشكل متكرر. تأكد من طهيها لكنها لا تزال زهرية اللون في المنتصف. أضف ماديرا إلى المقلاة واكشط أي بقايا لحوم فيها.

i) قم بتتبيل الريزوتو حسب الرغبة وأضف الثوم المعمر المفروم.

j) قدمي الريزوتو مع الكبدة المكدسة في الأعلى. تُسكب عصائر الكبد بالملعقة وتُترك لتختلط مع الأرز.

سلطة و أطباق جانبية

## 53. سلطة مكرونة بالزعفران

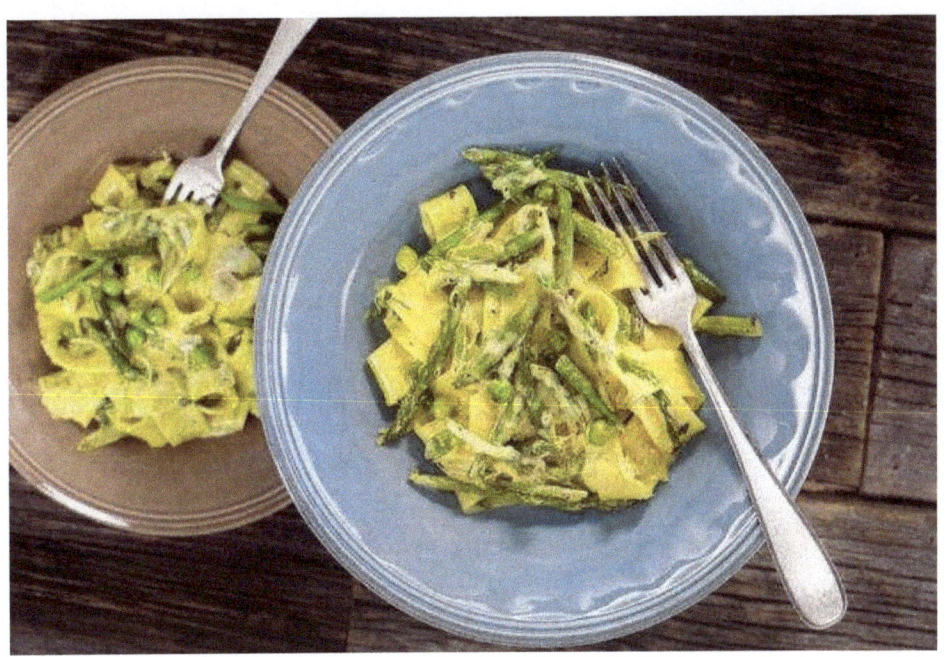

يصنع: 4 حصص

مكونات:

- 8 أونصات باستا صغيرة الشكل
- 4 ملاعق صغيرة زيت زيتون
- رشة من مسحوق الزعفران النقي أو خيوط الزعفران
- 1 أونصة لوز مقشر
- 2 أوقية الكشمش
- 1 فص ثوم مهروس
- عصير 1 ليمونة
- 1 ملعقة صغيرة عسل نقي
- نصف ملعقة صغيرة كمون مطحون
- ملعقة صغيرة كزبرة مطحونة
- 1 فلفل أصفر منزوع البذور ومقطع إلى شرائح
- 1 ملعقة كبيرة بقدونس مفروم ناعماً
- 1 ملعقة كبيرة نعناع طازج مفروم ناعماً
- 1 ملعقة كبيرة كزبرة طازجة مفرومة ناعماً
- ملح ومطحون طازج
- فلفل اسود
- أوراق كزبرة طازجة للتزيين

تعليمات:

a) قم بطهي المعكرونة في الكثير من الماء المغلي المملح قليلًا لبضع دقائق أقل من التعليمات الموجودة على العبوة. يشطف جيداً بالماء البارد ويصفى جيداً. انقله إلى وعاء التقديم.

b) سخني الزيت في قدر صغير وأضيفي الزعفران واللوز المقشر والكشمش والثوم. يُطهى برفق مع التحريك حتى يتحول لون اللوز إلى البني الغني. يُرفع عن النار ويُمزج عصير الليمون الحامض والعسل والكمون والكزبرة.

c) قم بطي المعكرونة وشظايا الفلفل والأعشاب الطازجة برفق في التتبيلة حتى تتغطى قليلاً. الموسم الى الذوق مع الملح والفلفل.

d) ضعيها في الثلاجة لمدة ساعة ثم قدميها مزينة بأغصان من الكزبرة الطازجة.

## 54. الزعفران والشمر الصوص بنصيحة

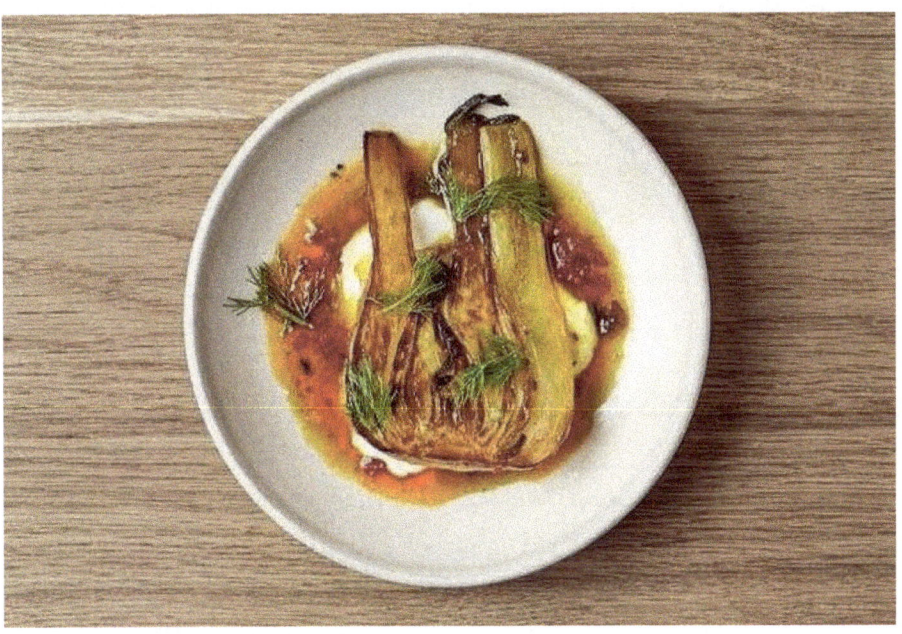

يجعل: 4

مكونات:
- 2 درنة شمر
- 1 غرام زعفران
- 100 مل مرقة دواجن
- 20 مل زيت زيتون
- 3 جرام ملح

تعليمات:
a) قطّع الشمر بالطول إلى شرائح بسمك 6 مم تقريبًا. حيث تتدلى الأوراق معًا من خلال الساق ، ينتج عن ذلك الشرائح.

b) يمكن استخدام السيقان والأجزاء الخارجية جيدًا لتحضير حساء كريمة الشمر.

c) قم بتفريغ الشرائح مع المكونات الأخرى في كيس مفرغ من الهواء. يُطهى في حمام مائي عند 85 درجة مئوية لمدة 3 ساعات.

d) أخرجه من الأكياس وقلل مخزون الطهي إلى حوالي ⅓ من المبلغ.

e) طبق جانبي رائع وفعال مثل أطباق اللحوم والأسماك.

## 55. بطاطس مهروسة بالزعفران

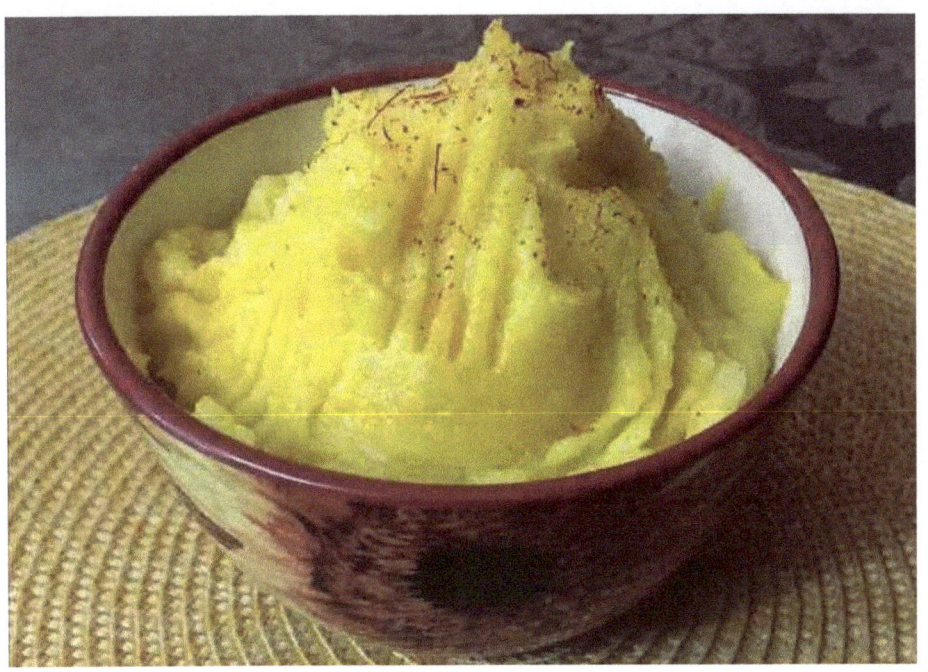

يجعل: 2 حصص

مكونات:
● رشة زعفران مسحوق خفيف
● 1 رطل من البطاطس مكعب
● نصف ملعقة صغيرة ملح ثوم
● 1 ملعقة طعام زيت زيتون
● 1 أونصة جبن شيدر مبشور
● 4 ملاعق كبيرة حليب

تعليمات:
a) ينقع الزعفران في 1 ملعقة كبيرة من الماء المغلي.
b) تُطهى البطاطس في الماء المغلي المملح حتى تنضج. بالُوعَة.
c) تُهرس البطاطس بالزعفران وملح الثوم والزيت والجبن والحليب حتى تنضج جيدًا.

## 56. سلطة الكسكس بالزعفران والكشمش

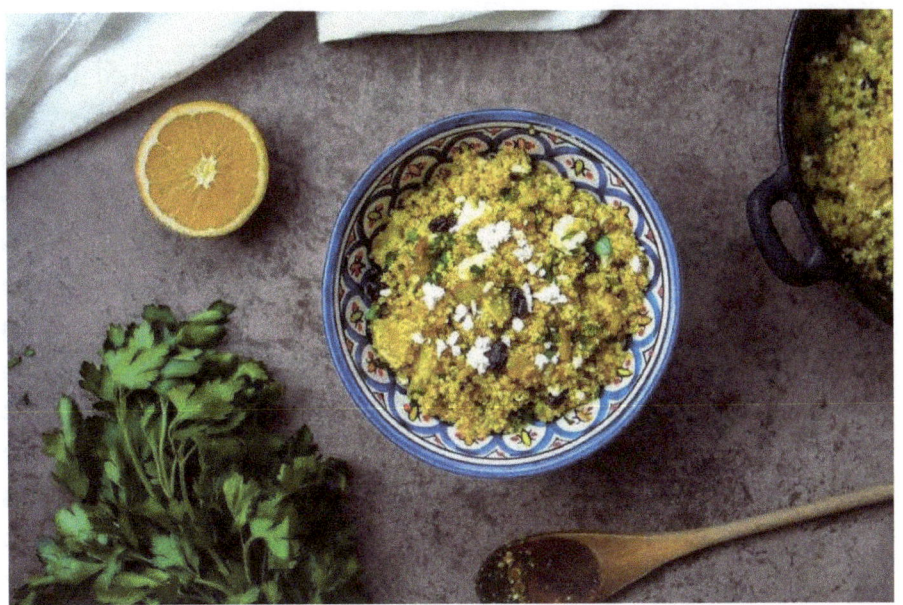

يجعل: 6 حصص

مكونات:

- 3 أكواب مرق الخضار مرقة الدجاج محلية الصنع
- رشة زعفران
- ملح وفلفل؛ ليتذوق
- 1½ كوب كسكس
- 1 بصلة حمراء متوسطة جولييند
- 2 فص ثوم مقطع
- 1 طماطم كبيرة البذور والنرد
- 1 ملعقة صغيرة من جذر الزنجبيل الطازج. مقطع
- نصف كوب كشمش
- 1 ملعقة كبيرة كزبرة طازجة. أو البقدونس المفروم
- 2 ليمونة عصير (يصل إلى)
- 2 ملاعق كبيرة زيت زيتون
- ملح وفلفل؛ ليتذوق

تعليمات:

☑ في قدر متوسطة الحجم على نار عالية ، يُغلى المرقة والزعفران ويُتبل بالملح والفلفل. ضعي الكسكس في وعاء كبير غير متفاعل واسكبي فوقه مرقة الغليان. يُغطّى ويُترك جانباً لمدة دقيقة أو حتى يمتص كل السائل. اقلب الكسكس بالشوكة وضعه جانبًا.

☑ في وعاء متوسط ، اخلطي البصل والثوم والطماطم والزنجبيل والكشمش والكزبرة وعصير الليمون. يخفق ببطء في زيت الزيتون ويتبل بالملح والفلفل. يُسكب المزيـج فوق الكسكس ويخلط جيدًا.

☑ قدمي سلطة الكسكس في درجة حرارة الغرفة.

## 57. كينوا زعفران وسلطة بنجر محمص

يجعل: 6 حصص

مكونات:
- 6 ملاعق كبيرة زيت زيتون بكر ممتاز
- 2 ملاعق كبيرة عصير ليمون طازج
- 2 فص ثوم صغير مفروم
- نصف ملعقة صغيرة ملح خشن
- نصف ملعقة صغيرة كمون مطحون
- ¼ ملعقة صغيرة من رقائق الفلفل الأحمر. تصل إلى ½
- 4 حبات شمندر صغيرة مع الخضر المرفقة ؛ ما يصل الى 5
- 1 كوب كينوا غير مطبوخة
- 2 كوب مرق خضار
- ⅛ ملعقة صغيرة من خيوط الزعفران
- 5 ملاعق صغيرة زيت زيتون
- 2 أوقية من الكراث شرائح رقيقة ؛ (½ كوب)
- 3 حبات متوسطة فص ثوم مفروم
- 1½ ملعقة كبيرة عصير ليمون طازج
- نصف ملعقة صغيرة ملح

تعليمات:
- ☑ يسخن الفرن إلى 400 فهرنهايت.
- ☑ في وعاء صغير ، اخفقي جميع المكونات معًا.
- ☑ اضبطي التتبيلة حسب الذوق واتركيها جانبًا.
- ☑ اغسل البنجر واقطع الخضر ، واترك حوالي بوصة واحدة متصلة. احتياطي البنجر الأخضر. لف كل بنجر على حدة في ورق القصدير واخبزه حتى يصبح طريًا عند ثقبه بسكين رفيع ، لمدة 45 دقيقة إلى 1 ساعة. توضع جانبا لتبرد.
- ☑ عندما يكون البنجر باردًا بدرجة كافية للتعامل معه ، قشره وقطعه إلى شرائح رفيعة. ضعي البنجر في وعاء صغير ، أضيفي 2 إلى 3 ملاعق كبيرة من التتبيلة ، وقلبي برفق.
- ☑ ضعي الكينوا في منخل ذو شبكة دقيقة واشطفه تحت الماء البارد حتى تنحسر الرغوة. تُنقل الكينوا إلى قدر صغيرة وتُضاف المرق والزعفران ويُغلى المزيج. خففي الحرارة وغطيها واتركيها على نار هادئة حتى يمتص المرق من 13 إلى 15 دقيقة.
- ☑ في هذه الأثناء ، في مقلاة متوسطة ، سخني 3 ملاعق صغيرة من زيت الزيتون على نار متوسطة عالية. يُضاف الكراث ويُطهى حتى يصبح مقرمشًا مع التحريك المستمر لمدة 3 دقائق تقريبًا.
- ☑ استنزاف على مناشف ورقية وتوضع جانبا.

☑ انقلي خليط الكينوا المطبوخ إلى وعاء متوسط الحجم وقلبي 3 إلى 4 ملاعق كبيرة من التتبيلة. (يمكن تغطية المتبقي من ماء مالح وتبريده لمدة تصل إلى 3 أيام.) قم بإزالة السيقان السميكة من نبات البنجر وتجاهلها ؛ قطع الأوراق بخشونة. في مقلاة كبيرة ، سخني ملعقتين صغيرتين متبقيتين من الزيت على نار متوسطة. يُضاف الثوم ويُطهى مع التحريك المستمر لمدة دقيقة واحدة. يُضاف خضار البنجر ويُطهى حتى يذبل ، من دقيقة إلى دقيقتين. أضيفي عصير الليمون والملح. يتبل بالفلفل.

☑ للتقديم ، قسّم شرائح البنجر بين أطباق التقديم ورتبها حول الحافة. ضعي نصف كوب من خليط الكينوا في وسط البنجر. يُغطى بخضار البنجر ويُزين بالكراث المقلي ويُقدم.

## 58. سلطة الدجاج بالزعفران والأعشاب

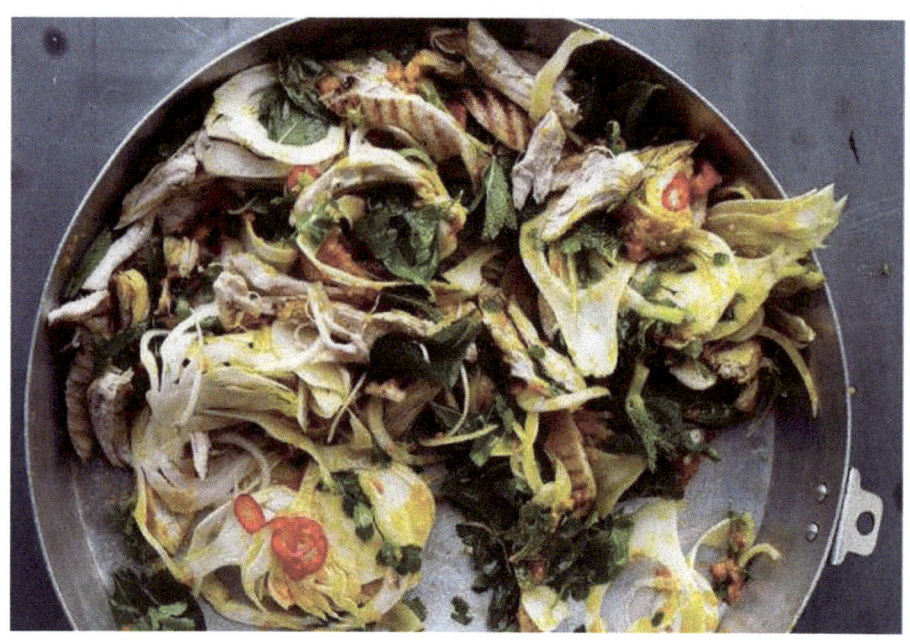

يجعل: 6

مكونات:
1 برتقالة
2½ ملعقة كبيرة / 50 جرام عسل
½ ملعقة صغيرة خيوط الزعفران
1 ملعقة كبيرة خل نبيذ أبيض
1¼ كوب / حوالي 300 مل ماء
2¼ رطل / 1 كجم صدر دجاج منزوع الجلد والعظام
4 ملاعق كبيرة زيت زيتون
2 بصلة شمر صغيرة مقطعة شرائح رفيعة
1 كوب / 15 جم أوراق كزبرة مقطوفة
كوب / 15 غ من أوراق الريحان المقطعة والممزقة
15 أوراق نعناع مقطوفة وممزقة
2 ملعقة كبيرة عصير ليمون طازج
1 تشيلي أحمر مقطع إلى شرائح رفيعة
1 فص ثوم مهروس
ملح وفلفل أسود مطحون طازجًا

سخني الفرن مسبقًا إلى 400 درجة فهرنهايت / 200 درجة مئوية. تقليم وتجاهل 1 سم من الجزء العلوي والذيل من البرتقالة وقطعها إلى 12 قطعة ، مع الحفاظ على الجلد. قم بإزالة أي بذور.

ضعي الأوتاد في قدر صغير مع العسل والزعفران والخل وما يكفي من الماء لتغطية شرائح البرتقال. يُغلى المزيج ويُترك على نار خفيفة لمدة ساعة تقريبًا. في النهاية ، يجب ترك برتقالة ناعمة وحوالي 3 ملاعق كبيرة من الشراب السميك ؛ أضف الماء أثناء الطهي إذا انخفض السائل بشدة. استخدم محضر الطعام لتقطير البرتقال والشراب في عجينة ناعمة وسائلة ؛ مرة أخرى ، أضف القليل من الماء إذا لزم الأمر.

اخلطي صدور الدجاج مع نصف زيت الزيتون والكثير من الملح والفلفل وضعيها في مقلاة ساخنة للغاية. احرق لمدة دقيقتين على كل جانب للحصول على علامات حرف واضحة في كل مكان. انقلي المزيج إلى صينية التحميص وضعيه في الفرن لمدة 15 إلى 20 دقيقة ، حتى ينضج تمامًا.


بمجرد أن يصبح الدجاج باردًا بدرجة كافية للتعامل معه ولكنه لا يزال دافئًا ، قم بتمزيقه بيديك إلى قطع خشنة وكبيرة جدًا. ضعيها في وعاء خلط كبير ، واسكبي أكثر من نصف معجون البرتقال ، وقلبي جيداً. (النصف الآخر الذي يمكنك الاحتفاظ به في الثلاجة لبضعة أيام. سيكون إضافة جيدة لعشب السالسا لتقديمه مع الأسماك الزيتية مثل الماكريل أو السلمون.) أضف باقي المكونات إلى السلطة ، بما في ذلك باقي المكونات. زيت الزيتون ، ويقلب برفق. تذوق ، أضف الملح والفلفل ، وإذا لزم الأمر ، المزيد من زيت الزيتون وعصير الليمون.

## 59. سلطة المعكرونة بالزعفران

يجعل: 4 حصص

مكونات:

- 8 أونصات (240 جم) معكرونة صغيرة الشكل
- 4 ملاعق صغيرة زيت زيتون
- 1 رشة من مسحوق الزعفران النقي أو خيوط
- 1 أونصة (30 جم) لوز مقشر
- 2 أوقية (60 جم) كشمش
- 1 فص ثوم مهروس
- عصير 1 ليمونة
- 1 ملعقة صغيرة عسل نقي
- نصف ملعقة صغيرة كمون مطحون
- ملعقة صغيرة كزبرة مطحونة
- 1 فلفل أصفر منزوع البذور ومقطع إلى شرائح
- 1 ملعقة كبيرة بقدونس مفروم ناعماً
- 1 ملعقة كبيرة نعناع طازج مفروم ناعماً
- 1 ملعقة كبيرة كزبرة طازجة مفرومة ناعماً
- ملح وفلفل أسود مطحون طازج
- أوراق كزبرة طازجة للتزيين

1. قم بطهي المعكرونة في الكثير من الماء المغلي المملح قليلًا لبضع دقائق أقل من تعليمات العبوة. يشطف جيداً بالماء البارد ويصفى جيداً. انقله إلى وعاء التقديم. 2. سخني الزيت في قدر صغير وأضيفي الزعفران واللوز المقشر والكشمش والثوم. يُطهى برفق مع التحريك حتى يتحول لون اللوز إلى البني الغني. يُرفع عن النار ويُمزج عصير الليمون الحامض والعسل والكمون والكزبرة. 3. قم بطي المعكرونة وشظايا الفلفل والأعشاب الطازجة برفق في التتبيلة حتى تتغطى قليلاً. الموسم الى الذوق مع الملح والفلفل. 4. ضعيها في الثلاجة لمدة ساعة ثم قدميها مزينة بأغصان من الكزبرة الطازجة.

## 60. سلطة أرز بالزعفران

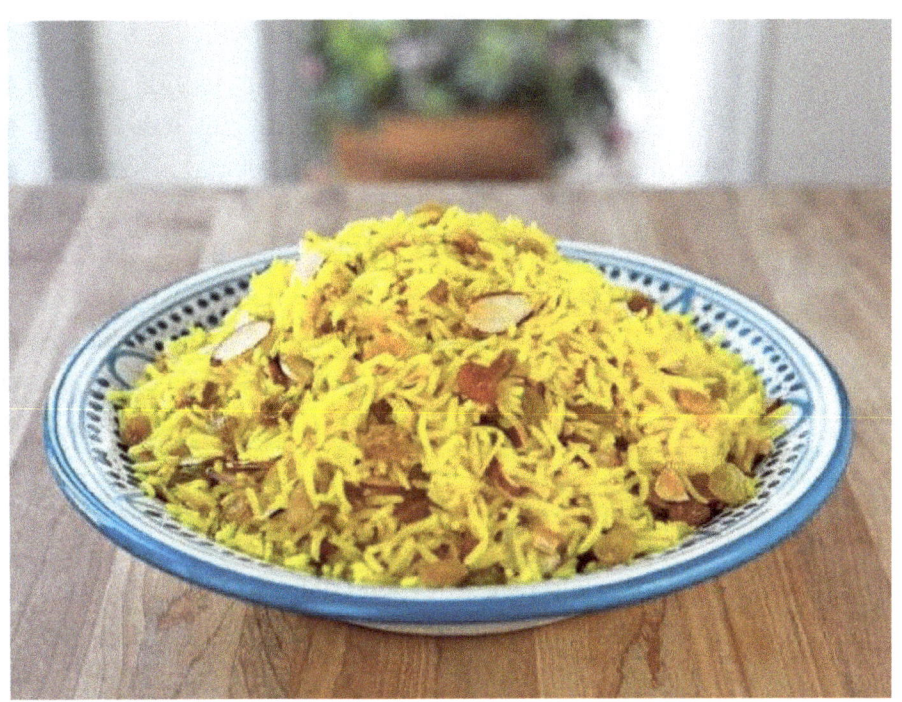

يصنع: 4 حصص

مكونات:
- 2 ملاعق كبيرة خل نبيذ أبيض
- 1 ملعقة طعام زيت زيتون
- قطرتان من صلصة الفلفل الحار (اختياري) أو أكثر حسب الرغبة
- 1 فص ثوم مفروم
- ملعقة صغيرة فلفل أبيض مطحون
- 2½ كوب أرز مطبوخ (مطبوخ في المرق والزعفران)
- نصف كوب فلفل أحمر مقطع إلى مكعبات
- نصف كوب فلفل أخضر مقطع إلى مكعبات
- كوب بصل أخضر شرائح بما في ذلك القمم
- كوب زيتون مقطع شرائح
- أوراق الخس

يُمزج الخل والزيت وصلصة الفلفل (حسب الرغبة) والثوم والفلفل الأبيض في وعاء كبير ؛ اخلط جيدا. أضف باقي المكونات ما عدا الخس. إرم بخفة. يقدم على أوراق الخس.

# الحساء واليخنة

## 61. شوربة الثوم والزعفران

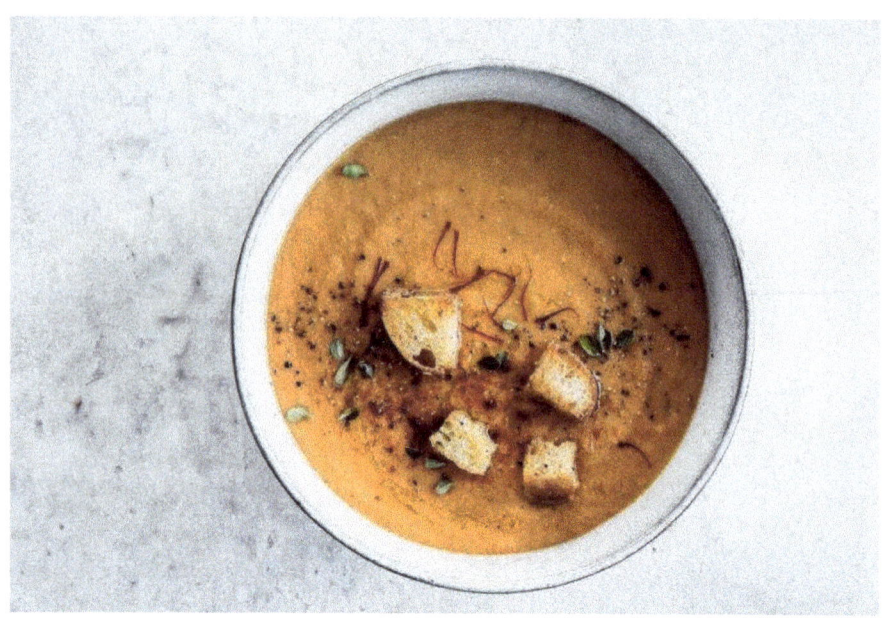

يجعل: 1 حصة

مكونات:

- 5 ملاعق كبيرة زيت زيتون
- 2 كوب مكعبات خبز العجين المخفوق
- 4 فصوص ثوم كبيرة إيواء
- ⅓ كوب نبيذ أبيض جاف
- 4 أكواب مرق دجاج معلب قليل الملح
- 2 قرصة سخية من خيوط الزعفران
- ملح
- شرائح خبز فرنسي بسمك 8 إنش
- ربع كوب مبشور مانشيجو أو جبنة مونتيري جاك
- الثوم المعمر المفروم أو البصل الأخضر
- المواضيع الزعفران

تعليمات:

a) سخني 4 ملاعق كبيرة زيت في مقلاة كبيرة ثقيلة على نار متوسطة عالية. أضيفي مكعبات الخبز والثوم واقليهم حتى يصبح الخبز ذهبي اللون قليلاً لمدة 4 دقائق.

b) يضاف الخمر ثم المرق والزعفران. يجلب ليغلي. خففي الحرارة ، غطي واتركي المزيج على نار هادئة لمدة 25 دقيقة. هريس الحساء في الخلاط. أعد الحساء إلى القدر. الموسم مع الملح.

c) يسخن الفرن إلى 350 درجة فهرنهايت. رتبي شرائح الخبز الفرنسي على ورقة بسكويت. امسح بالفرشاة بملعقة كبيرة من الزيت المتبقية. اخبزيها حتى تحمص قليلاً ، حوالي 8 دقائق. رشي الجبن فوق الخبز المحمص.

d) نقل ورقة البسكويت إلى دجاج التسمين ؛ شوي قطع الخبز المحمص حتى تذوب الجبن. ضع 2 خبز محمص في كل وعاء. اجلب الحساء على نار هادئة. مغرفة فوق الخبز المحمص.

e) يرش الثوم المعمر وبعض خيوط الزعفران ويقدم.

## 62. صلصة الكاري باللوز والفستق والزعفران

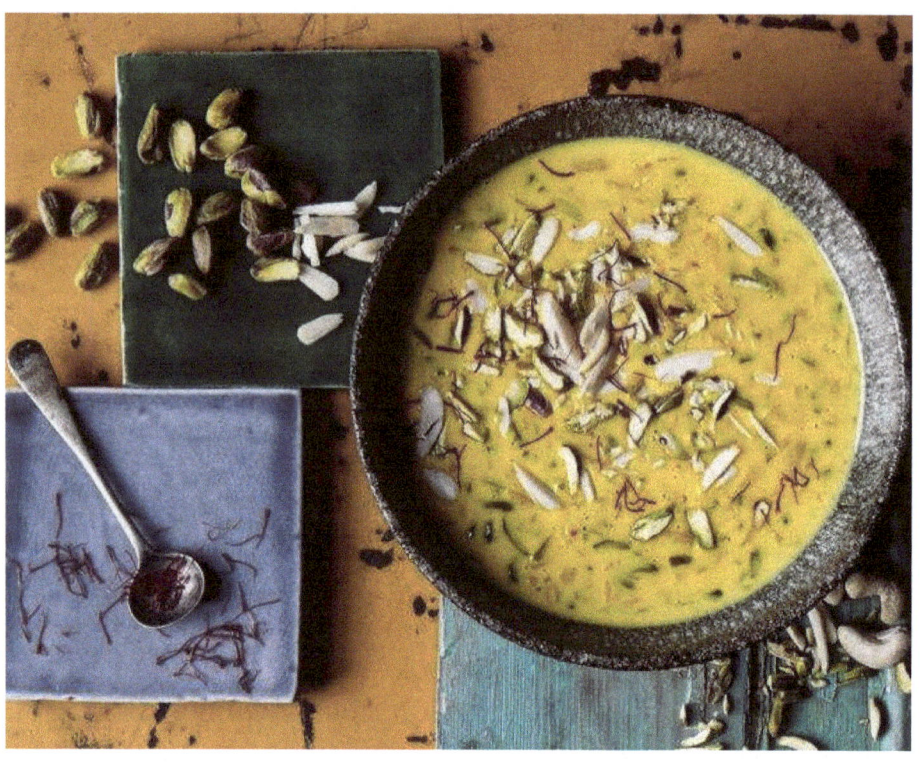

يجعل: 2 حصص

مكونات:

- 12 كوب لوز نيء غير مقشر
- ½ كوب مقشر ؛ الفستق النيء غير المملح
- 2 ملاعق كبيرة زبدة أو زيت نباتي خفيف
- 1 بصلة كبيرة مقشر ومبشور
- ملعقة صغيرة كزبرة مطحونة
- ¼ ملعقة صغيرة صولجان
- نصف ملعقة صغيرة فلفل أبيض مطحون حديثاً
- 2 حبات هيل أخضر. مقشر ، الأرض
- نصف ملعقة صغيرة فلفل حريف
- 1 رشة جوز الطيب
- نصف ملعقة صغيرة من خيوط الزعفران المنقوعة في ملعقتين كبيرتين من الماء الساخن
- 2 كوب كريمة ثقيلة
- ملعقة صغيرة ملح. أو حسب الذوق

تعليمات:

a) يُمزج اللوز والفستق في مقلاة مقاس 10 بوصات ويُحمص على نار متوسطة لمدة 8 إلى 10 دقائق. ضعه في خلاط أو محضر طعام وقلل إلى مسحوق. اجلس جانبا.

b) سخني الزبدة في قدر ثقيل سعة 2 لتر على نار متوسطة عالية.

c) يُضاف البصل ويُطهى حتى يصبح لونه بنياً خفيفاً. يقلب في البهارات ويطهى حتى تفوح رائحته ، حوالي 1 دقيقة. يُضاف الزعفران والقشدة والملح ومسحوق المكسرات. يغلى المزيج مع التحريك المستمر. خففي الحرارة واتركيها على نار هادئة مع التحريك من حين لآخر حتى تصبح الصلصة كثيفة بدرجة كافية لتغطي ظهر الملعقة ، لمدة 12 إلى 15 دقيقة.

## 63. شوربة بلح البحر والزعفران

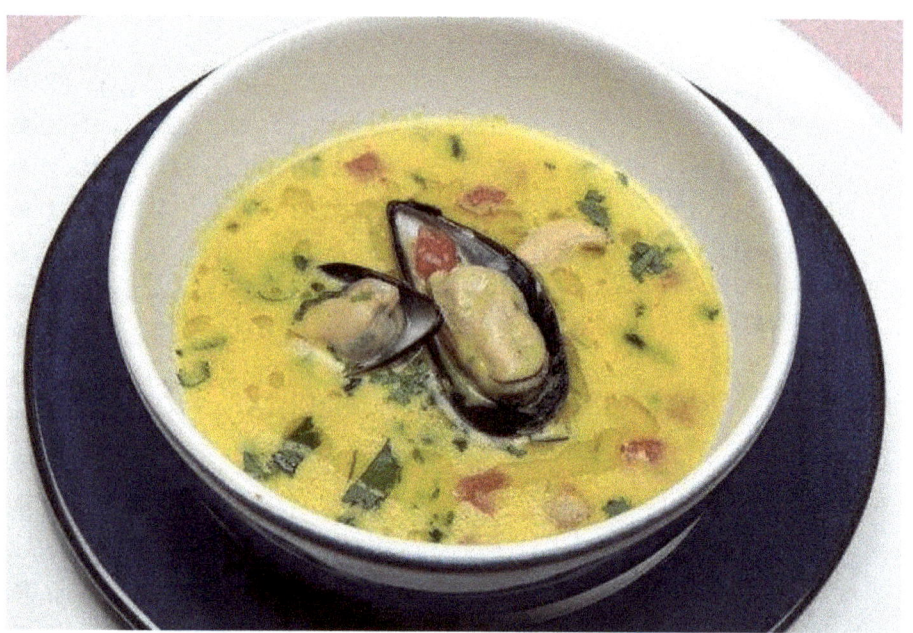

يصنع: 4 حصص

مكونات:
- 2 جنيه بلح البحر
- 1¼ كوب نبيذ أبيض جاف
- 1½ كوب ماء
- 3 ملاعق كبيرة زبدة
- 1 ملعقة طعام زيت زيتون
- 1 بصلة مفرومة ناعماً
- 1 فص ثوم مهروس
- 1 كراث ، مبشور جيداً
- ½ ملعقة صغيرة حلبة مطحونة ناعماً
- 1½ ملعقة كبيرة دقيق لجميع الأغراض
- 2 عبوة من خيوط الزعفران ، منقوعة في
- 1 ملعقة كبيرة ماء مغلي
- 1¼ كوب مرق دجاج
- 1 ملعقة كبيرة بقدونس مفروم طازج
- ملح للتذوق
- فلفل مطحون طازج حسب الرغبة
- 2 ملاعق كبيرة كريمة خفق
- أغصان البقدونس الطازجة

تعليمات:

☑ افرك بلح البحر لتنظيفه بعدة تغييرات من الماء العذب وقلع اللحى. تخلص من أي بلح البحر متشقق أو لا يغلق بإحكام عند النقر عليه. ضع بلح البحر في قدر مع النبيذ والماء. يغطى ويطهى على نار عالية ، رجّ المقلاة بشكل متكرر لمدة 6-7 دقائق أو حتى تنفتح القشرة. أزل بلح البحر وتخلص من أي محار يظل مغلقًا.

☑ يصفى السائل من خلال منخل ناعم واحتفظ به.

☑ سخني الزبدة والزيت في قدر. يُضاف البصل والثوم والكراث والحلبة ويُطهى بلطف لمدة 5 دقائق. يقلب مع الدقيق ويطهى لمدة 1 دقيقة.

☑ أضيفي خليط الزعفران و 2 كوب من سائل الطهي ومرق الدجاج. يُغلى المزيج ويُغطى ويُترك على نار خفيفة لمدة 15 دقيقة.

☑ في هذه الأثناء ، احتفظ بـ 8 بلح البحر في أصداف وقم بإزالة ما تبقى منها من القواقع. يُضاف كل بلح البحر إلى الحساء ويُضاف إليه البقدونس المفروم والملح والفلفل والقشدة. سخنيها لمدة 2-3 دقائق. تُزين بأغصان البقدونس ، إذا رغبت ، وتقدم ساخنة.

## 64. مرق السمك بالفلفل الحار XE "مرق السمك بالفلفل الحار"

يجعل: 4

## مكونات:

- 1 بصلة مفرومة
- 2 بصلة شمر مفرومة
- 1 فلفل أحمر مفروم ناعماً
- 1 حبة طماطم برقوق
- 6 ملاعق كبيرة زيت زيتون
- 1 ملعقة صغيرة بذور شمر مطحونة
- 2 فص ثوم مهروس
- 1 رطل فيليه سمك أبيض
- 3 أونصات لوز محمص مطحون
- 3 أونصات من مرق الخضار
- نصف ملعقة صغيرة من مسحوق الفلفل الحلو
- 1 ملعقة كبيرة أوراق زعتر طازجة
- 1 ملعقة صغيرة من خيوط الزعفران
- 3 أوراق غار طازجة
- الكينوا والخضر الربيعية
- 1 ليمون مقطع إلى شرائح

## تعليمات:

- ☑ بصل على البخار ، شمر ، فلفل حار ، بذور شمر مطحون ، وثوم.
- ☑ أضيفي البابريكا والزعتر والزعفران وأوراق الغار والطماطم.
- ☑ يُغلى المزيج مع مرق الخضار.
- ☑ أضف السمك / التوفو إلى الحساء مع اللوز.
- ☑ تقدم مع الخضار والكينوا وأوتاد الليمون.

## 65. حساء الباذنجان المحمص والزعفران

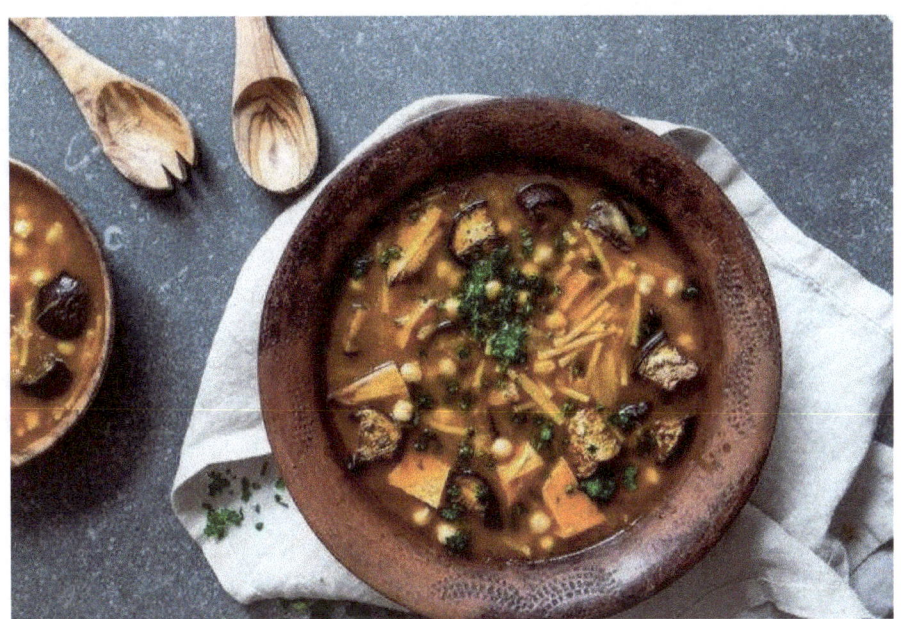

يجعل: 1 حصة

مكونات:
- 1 حبة بطاطس متوسطة الحجم
- زيت الزيتون
- 1 باذنجان كبير غير مقشر ومقطع إلى دوائر سمكها بوصة
- نصف كوب زيت زيتون
- 1 بصلة متوسطة مقطع
- 4 فصوص ثوم مقطع
- ½ ملعقة صغيرة من الأوريغانو المجفف ؛ انهار
- 5 أكواب مرق دجاج أو مرق معلب
- ⅛ ملعقة صغيرة من خيوط الزعفران

تعليمات:
- ☑ يسخن الفرن إلى 375 درجة فهرنهايت. اثقب البطاطس بالشوكة. ضعي البطاطس على رف الفرن واخبزيها حتى تصبح طرية جدًا ، لمدة ساعة تقريبًا. تخرج من الفرن وتبرد. صف 2 من صفيحة الخبز بورق القصدير ودهنها بزيت الزيتون.
- ☑ رتبي حلقات الباذنجان على أوراق جاهزة. اخبزي الباذنجان لمدة 15 دقيقة. غطيها بورق احباط. اخبزيها حتى تصبح طرية جدًا وبنيّة ، لمدة 30 دقيقة أطول.
- ☑ سخني نصف كوب زيت زيتون في قدر كبير ثقيل على نار متوسطة عالية. يضاف البصل والثوم والأوريغانو ويقلى حتى يصبح البصل والثوم شفافين لمدة 10 دقائق. نقطع البطاطس إلى قطع.
- ☑ يُمزج مزيج البطاطس والباذنجان والبصل في المعالج. مع تشغيل الآلة ، أضيفي مرق الدجاج تدريجيًا واخلطي حتى يصبح المزيج ناعمًا. انقله إلى قدر.
- ☑ يُضاف الزعفران ويُترك على نار هادئة.
- ☑ يقدم ساخنا.

## 66. شوربة المأكولات البحرية والشمر

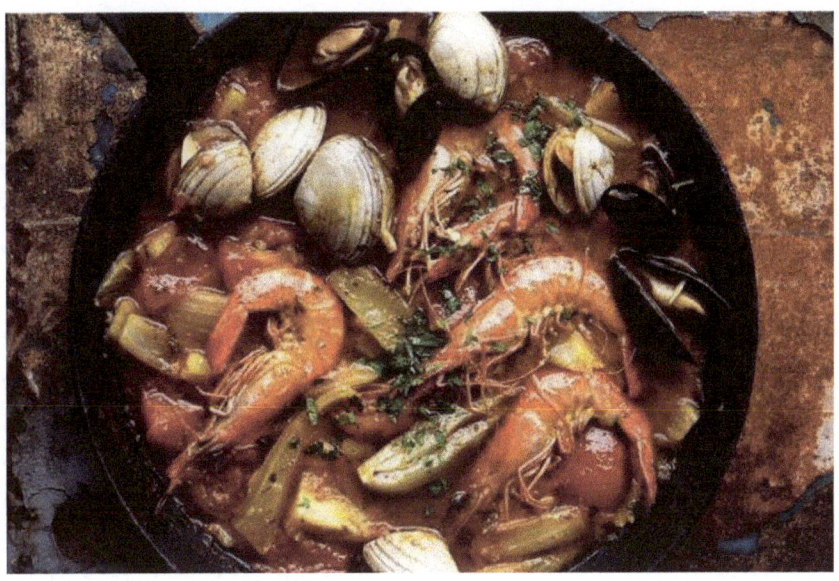

يجعل: 4

مكونات:
2 ملعقة كبيرة زيت زيتون
4 فصوص ثوم مقطعة ناعماً
2 بصلة من الشمر (إجمالي 10 أوقية / 300 جرام) ، مقلمة ومقطعة إلى أسافين رفيعة
1 حبة بطاطس شمعية كبيرة (إجمالي 7 أونصات / 200 جم) مقشرة ومقطعة إلى مكعبات بحجم بوصة / 1.5 سم
3 أكواب / 700 مل مرق سمك (أو مرقة دجاج أو خضروات ، إذا كان مفضلاً)
½ ليمونة متوسطة محفوظة (½ أوقية / 15 جم إجمالاً) ، مشتراة من المتجر أوانظر الوصفة
1 فلفل أحمر مقطع شرائح (اختياري)
6 حبات طماطم (إجمالي 14 أوقية / 400 جرام) مقشرة ومقطعة إلى أرباع
1 ملعقة كبيرة بابريكا حلوة
رشة جيدة من الزعفران
4 ملاعق كبيرة بقدونس مفروم ناعماً
4 شرائح سمك القاروص (حوالي 10 أوقية / 300 جرام إجمالاً) ، قشر ومقطع إلى نصفين
14 بلح البحر (إجمالي 8 أونصات / 220 جم)
15 محار (حوالي 4 أوقية / 140 جم إجمالاً)
10 جمبري نمر (حوالي 8 أونصات / 220 جم في المجموع) ، في قشورها أو مقشرة ومنزوعة العرق
3 ملاعق كبيرة من العرق أو الأوزو أو البرنود
2 ملعقة صغيرة من الطرخون المفروم (اختياري)
ملح وفلفل أسود مطحون طازجًا

ضعي زيت الزيتون والثوم في مقلاة واسعة منخفضة الحواف واطهيها على نار متوسطة لمدة دقيقتين دون تلوين الثوم. يُضاف الشمر والبطاطس ويُطهى لمدة 3 إلى 4 دقائق أخرى. أضيفي المرق والليمون المصير ، وتبليهما بنصف ملعقة صغيرة ملح وبعض الفلفل الأسود ، واتركيها حتى الغليان ، ثم غطيها واتركيها على نار خفيفة لمدة 12 إلى 14 دقيقة ، حتى تنضج البطاطس. أضيفي الفلفل الحار (إذا كنت تستخدمين) والطماطم والتوابل ونصف البقدونس واتركيهم لمدة 4 إلى 5 دقائق أخرى.

أضف ما يصل إلى نصف كوب آخر / 300 مل من الماء في هذه المرحلة ، ببساطة بقدر ما هو مطلوب حتى تتمكن فقط من تغطية السمكة لسلقها ، واتركها على نار هادئة مرة أخرى. نضيف سمك القاروص والمحار ، ونغطي المقلاة ، ونتركها تغلي بشدة لمدة 3 إلى 4 دقائق ، حتى ينفتح المحار ويتحول الجمبري إلى اللون الوردي.

باستخدام ملعقة مثقوبة ، أخرج الأسماك والمحار من الحساء. إذا كان لا يزال سائلاً قليلاً ، اترك الحساء يغلي لبضع دقائق أخرى لتقليل. يضاف العرق ويذوق التتبيل. أخيرًا ، أعد المحار والأسماك إلى الحساء لإعادة تسخينها. قدميها دفعة واحدة ، مزينة ببقية البقدونس والطرخون ، إذا كنت تستخدمينها.

## 67. شوربة الفستق بالزعفران

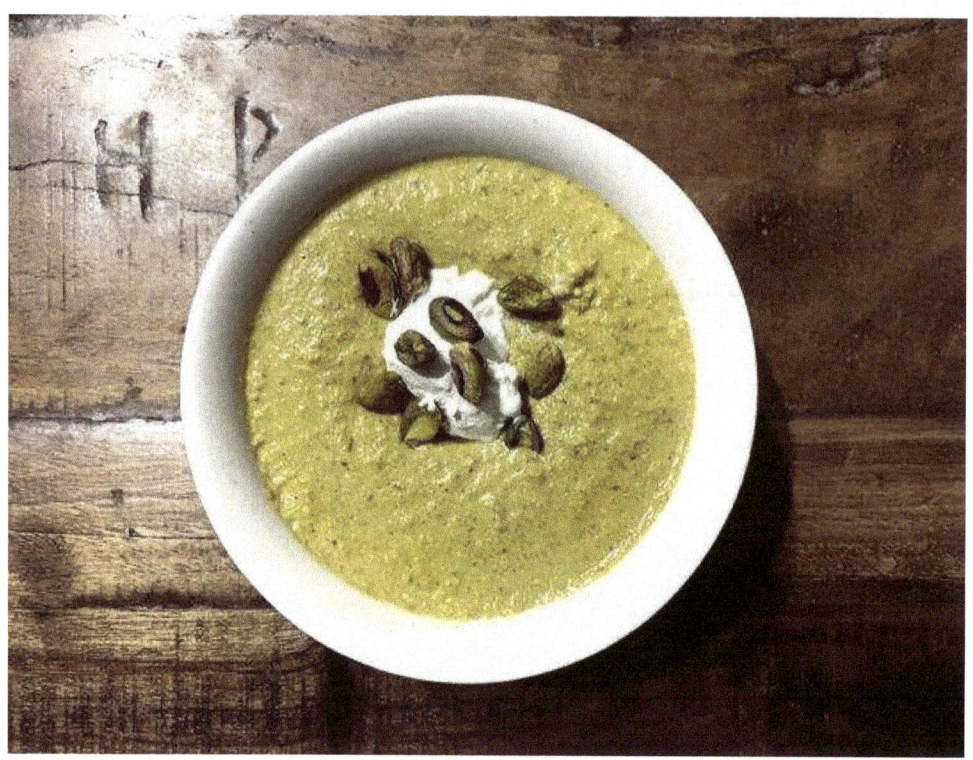

يجعل: 4
2 ملعقة كبيرة ماء مغلي
¼ ملعقة صغيرة خيوط الزعفران
1⅔ كوب / 200 غ من الفستق الحلبي غير المملح
2 ملعقة كبيرة / 30 جم زبدة غير مملحة
4 كراثيات مفرومة ناعماً (3 أوقية / 100 جم إجمالاً)
1 أونصة / 25 جرام زنجبيل مقشر ومفرومة ناعماً
1 كراث مفرومة ناعماً (1¼ كوب / 150 جم إجمالاً)
2 ملعقة صغيرة كمون مطحون
3 أكواب / 700 مل مرقة دجاج
كوب / 80 مل عصير برتقال طازج
1 ملعقة كبيرة عصير ليمون طازج
ملح وفلفل أسود مطحون طازجًا
كريمة حامضة للتقديم

سخني الفرن إلى 350 درجة فهرنهايت / 180 درجة مئوية. يُسكب الماء المغلي فوق خيوط الزعفران في كوب صغير ويترك لينقع لمدة 30 دقيقة.
لإزالة قشور الفستق ، اسلقي المكسرات في ماء مغلي لمدة دقيقة واحدة ، ثم صفيها ، وأزيلي القشرة وهي لا تزال ساخنة عن طريق الضغط على المكسرات بين أصابعك. يُوزّع الفستق على صينية خبز ويُشوى في الفرن لمدة 8 دقائق. إزالة وتترك لتبرد.
سخني الزبدة في قدر كبيرة وأضيفي الكراث والزنجبيل والكراث والكمون ونصف ملعقة صغيرة ملح وبعض الفلفل الأسود. يُقلى المزيج على نار متوسطة لمدة 10 دقائق مع التحريك المستمر حتى يصبح الكراث طريًا تمامًا. نضيف المرقة ونصف سائل الزعفران. غطي المقلاة وخفضي الحرارة واتركي الحساء ينضج لمدة 20 دقيقة.
ضعي كل الفستق ماعدا ملعقة كبيرة في وعاء كبير مع نصف كمية الحساء. استخدم خلاطًا يدويًا للخلاط حتى يصبح ناعمًا ثم أعده إلى القدر. أضيفي عصير البرتقال والليمون وسخني وطعمه لضبط التوابل.
للتقديم ، يقطع الفستق المحفوظ بشكل خشن. انقلي الحساء الساخن إلى أوعية وضعيه فوقها بملعقة من القشدة الحامضة. نرش الفستق الحلبي ونرش بقايا سائل الزعفران.

## 68. اليقطين حساء الزعفران

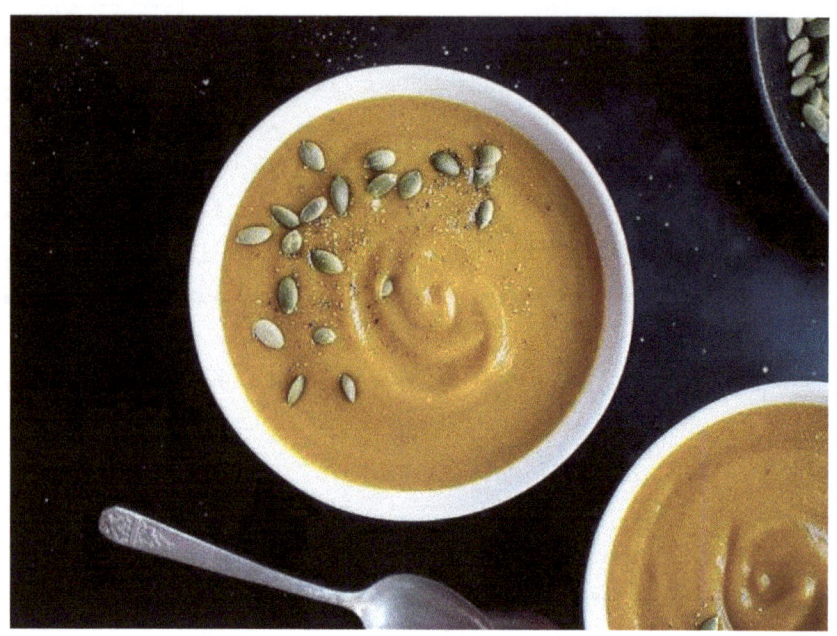

يجعل: 4 حصص

مكونات:
- 1 بصلة كاملة مفرومة
- 1 فص ثوم مفروم
- 1 2/1 ملاعق كبيرة زبدة
- 1 كوب هريس اليقطين
- 1 كوب ماء
- نصف ملعقة صغيرة قرفة
- نصف ملعقة صغيرة من مسحوق الفلفل الحار
- عدد قليل من خيوط الزعفران
- 1 كوب حليب كامل الدسم زبادي غير محلى

تعليمات:
a) في قدر ، اقلي البصل والثوم في الزبدة حتى يتحول لونهما إلى البني
b) يُضاف هريس اليقطين والماء والتوابل ويُغلى.
c) خففي الحرارة على الفور واتركيها على نار هادئة لمدة خمس دقائق مع إضافة الزبادي تدريجياً.
d) قدميها دافئة.

# یبرملاو تاصلصلا

## 69. صلصة كريمة الزعفران

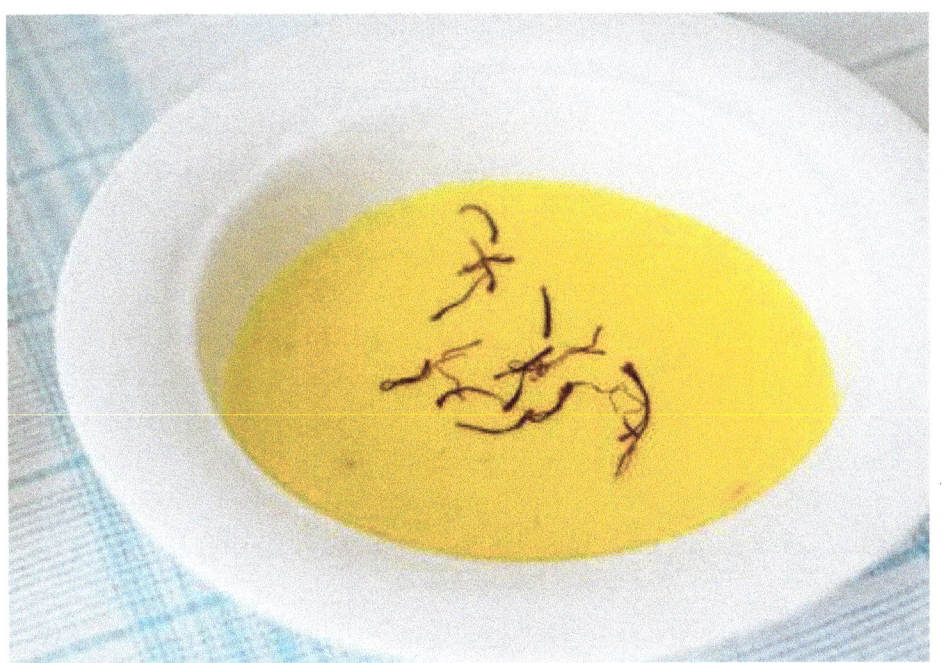

يجعل: 1 حصة

مكونات:
- ½ ملعقة صغيرة من خيوط الزعفران
- 1 كوب حليب قليل الدسم
- 2 ملاعق كبيرة زيت الفول السوداني
- 1 كوب بصل مفروم خشن
- 5 حبات هيل أخضر ، مطحون
- نصف كوب زبادي سادة غير دسم
- 4½ ملعقة صغيرة نشا ذرة
- ¾ ملعقة صغيرة ملح أو حسب الرغبة
- الفلفل الطازج المطحون

تعليمات:
a) في وعاء يقلب الزعفران مع الحليب ويوضع جانبا. سخني الزيت في قدر صغيرة على نار عالية.

b) يُضاف البصل وحبات الهال ويُحرّك المزيج حتى يتحول لونه إلى ذهبي ، لمدة 4 إلى 5 دقائق. انقله إلى محضر طعام مزود بشفرة معدنية.

c) أضف الزعفران والحليب واللبن ونشا الذرة وخلطها حتى تصبح ناعمة.

d) العودة إلى القدر. يُضاف الملح ويُطهى على نار معتدلة مع التحريك باستمرار حتى تصبح الصلصة ناعمة ، من 4 إلى 5 دقائق.

e) الموسم الى الذوق مع الفلفل. يقدم ساخنا.

## 70. صلصة طماطم طازجة بالزعفران

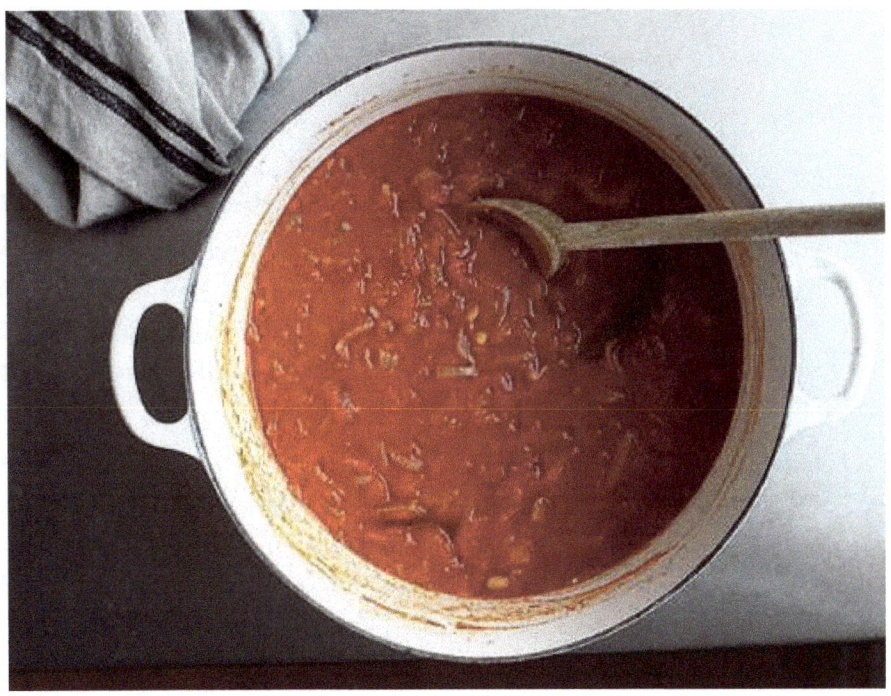

يجعل: 2 حصص

مكونات:

- 2 ملاعق صغيرة زيت زيتون
- 1 ملعقة صغيرة ثوم مفروم ناعم
- ½ ملعقة صغيرة من خيوط الزعفران. مطحون
- 12 كوب مرق دجاج نباتي غير دسم ؛ منخفضة الاحمق
- ¼ كوب جاف شيري
- 1 طماطم كبيرة
- 2 ملاعق كبيرة بقدونس مفروم طازج
- ملح وفلفل؛ ليتذوق

تعليمات:

a) سخني الزيت في قدر صغير على نار متوسطة. يُضاف الثوم ويُحرّك حتى يصبح لونه خفيفًا ، حوالي 30 ثانية.

b) يُضاف الزعفران ويُحرَّك لمدة 5 ثوانٍ أخرى.

c) يقلب في مرق الدجاج والشيري ويترك على نار خفيفة حتى يتحول إلى ملعقتين كبيرتين ، حوالي 5 دقائق. انقلي الصلصة إلى وعاء صغير وضعيها جانباً حتى تبرد.

d) قبل التقديم مباشرة ، أضيفي الطماطم والبقدونس. يتبل بالملح والفلفل.

e) يُسكب فوق المعكرونة أو الهليون المطبوخ بالملعقة.

## 71. صلصة الكاري باللوز والفستق والزعفران

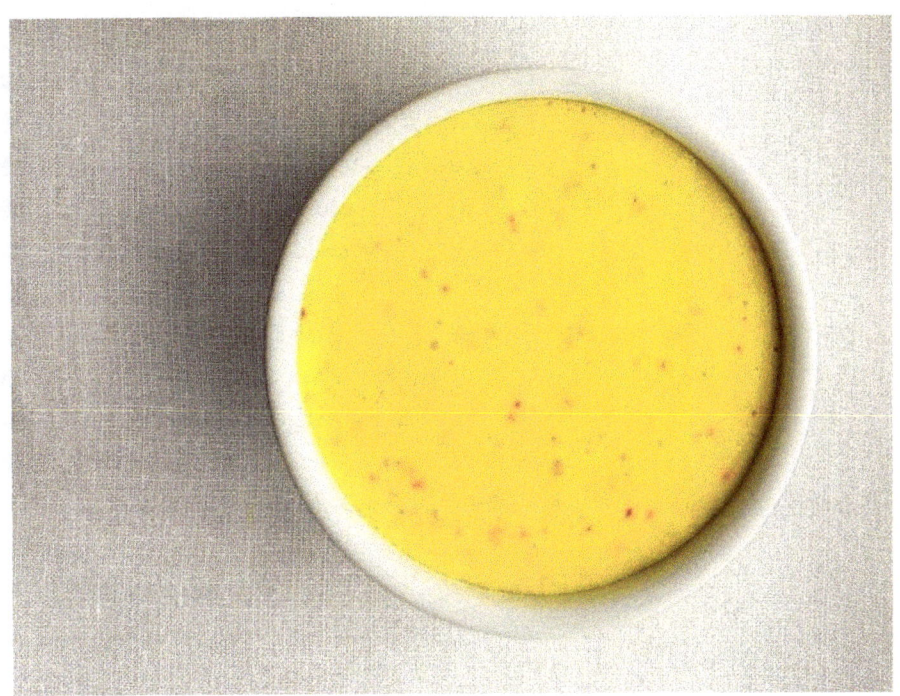

يجعل: 2 حصص

مكونات:
- 12 كوب لوز نيء غير مقشر
- ½ كوب مقشر ؛ الفستق النيء غير المملح
- 2 ملاعق كبيرة زبدة أو زيت نباتي خفيف
- 1 بصلة كبيرة مقشر ومبشور
- ملعقة صغيرة كزبرة مطحونة
- ¼ ملعقة صغيرة صولجان
- نصف ملعقة صغيرة فلفل أبيض مطحون حديثاً
- 2 حبات هيل أخضر. مقشر، الأرض
- نصف ملعقة صغيرة فلفل حريف
- 1 رشة جوز الطيب
- نصف ملعقة صغيرة من خيوط الزعفران المنقوعة في ملعقتين كبيرتين من الماء الساخن
- 2 كوب كريمة ثقيلة
- ملعقة صغيرة ملح. أو حسب الذوق

تعليمات:
a) يُمزج اللوز والفستق في مقلاة مقاس 10 بوصات ويُحمص على نار متوسطة لمدة 8 إلى 10 دقائق. ضعه في خلاط أو محضر طعام وقلل إلى مسحوق. اجلس جانبا.

b) سخني الزبدة في قدر ثقيل سعة 2 لتر على نار متوسطة عالية.

c) يُضاف البصل ويُطهى حتى يصبح لونه بنياً خفيفاً. يقلب في البهارات ويطهى حتى تفوح رائحته ، حوالي 1 دقيقة. يُضاف الزعفران والقشدة والملح ومسحوق المكسرات. يغلى المزيج مع التحريك المستمر.

d) خففي الحرارة واتركيها على نار هادئة مع التحريك من حين لآخر حتى تصبح الصلصة كثيفة بدرجة كافية لتغطي ظهر الملعقة ، لمدة 12 إلى 15 دقيقة.

## 72. مربى التفاح والزعفران المحمص بالفرن

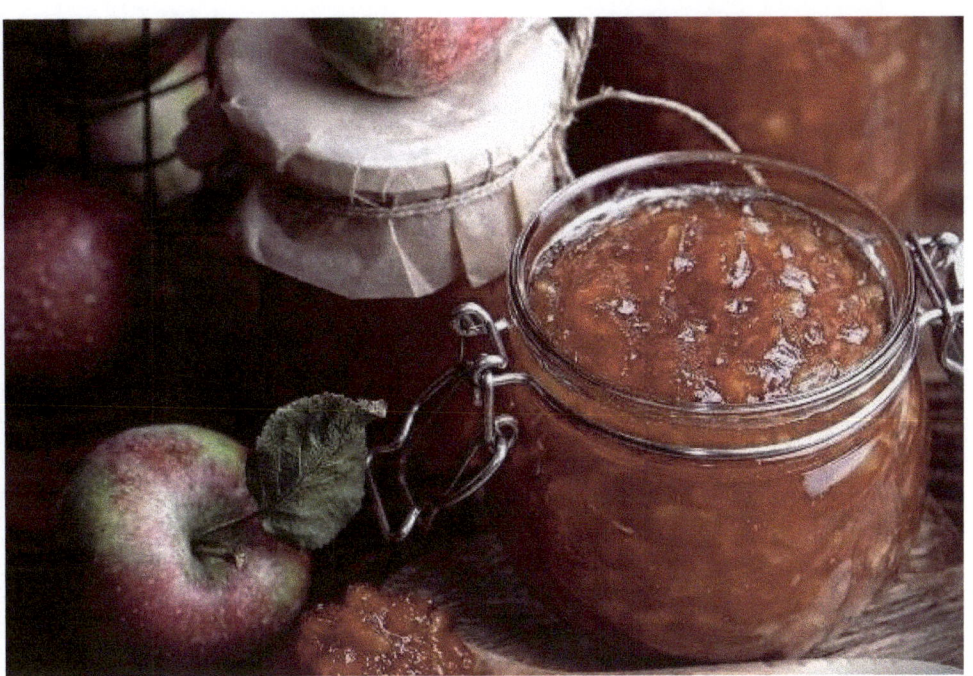

يجعل: 1 حصة

مكونات:
- 2 نجمة يانسون
- 4 قرنفل
- 2 عود قرفة
- 4 أوراق نعناع
- نكهة من 1 ليمونة
- 2 جنيه سكر
- 6 أرطال من التفاح مقشر ومقطع إلى قطع كبيرة
- عصير 1 نصف ليمونة
- 1 كوب ماء
- 2 نشارة من قطعة زعفران

تعليمات:
a) سخني الفرن على 400 درجة.
b) اهرس برفق اليانسون والقرنفل وعيدان القرفة بالهاون والمدقة.
c) اخلطي الماء وعصير الليمون في وعاء صغير.
d) يُمزج السكر والتفاح والتوابل المهروسة وأوراق النعناع وبرش الحامض ونصف كوب من عصير الليمون والماء والزعفران في مقلاة. يغطى بورق الألمنيوم ويوضع في الفرن.
e) بعد 10 دقائق ، أضيفي نصف كوب من عصير الليمون والماء. مكونات التحميص: لمدة 10 دقائق أخرى ، أضيفي ربع كوب من عصير الليمون والماء المتبقي.
f) تحمص لمدة 10 دقائق إضافية.
g) امزج المكونات فورًا: في محضر الطعام أو الخلاط حتى تصل المكونات إلى قوام المربى.
h) قم بتخزين المربى في مرطبانات.

## 73. زعفران و صوص طرخون

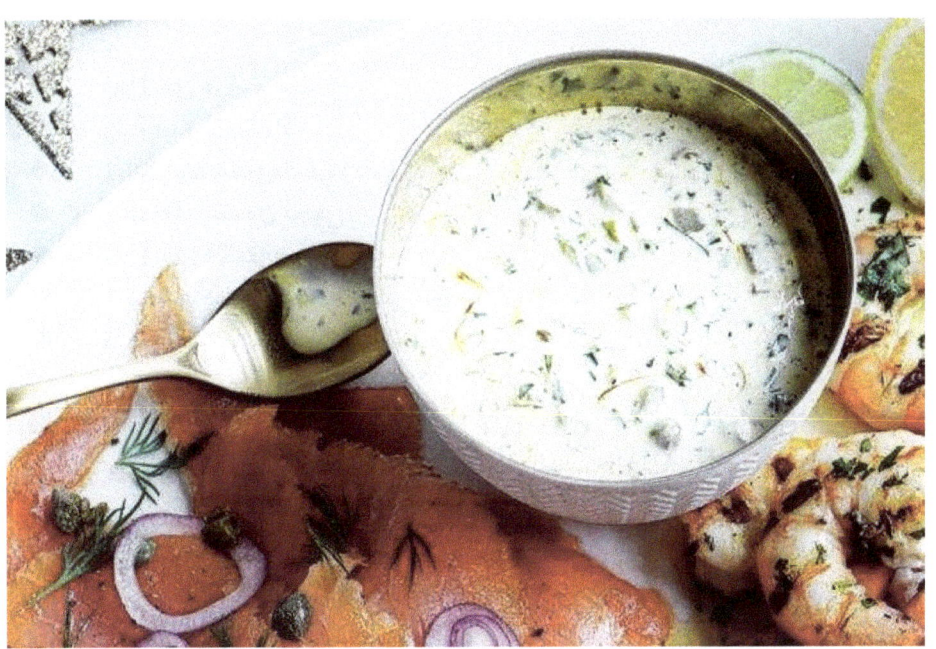

يجعل: 1 حصة

مكونات:
- 150 مل مرق سمك
- رشة زعفران سداة
- 1 الكراث. مفرومة فرما ناعما
- 1 قطعة يانسون نجمي
- 150 مل قشطة مزدوجة
- 1 ملعقة كبيرة الطرخون الفرنسي مقطع
- توابل حسب الرغبة

تعليمات:
a) يُطهى الكراث في مرق السمك مع الزعفران واليانسون النجمي حتى يصبح طريًا ويتم تقليل الخمور بمقدار النصف.

b) أضيفي الكريمة واتركيها حتى الغليان واتركيها على نار هادئة لتغمر النكهات وتكرمل الكريمة. موسم. يجب أن تكون صفراء زاهية. مرر من خلال غربال ناعم في مقلاة نظيفة وأضف الطرخون. افحص واضبط التوابل.

c) تقدم مع الراهب والسبانخ.

# ىوَلد

## 74. كعكة الشوكولاتة مع كريمة الكمأة بالزعفران

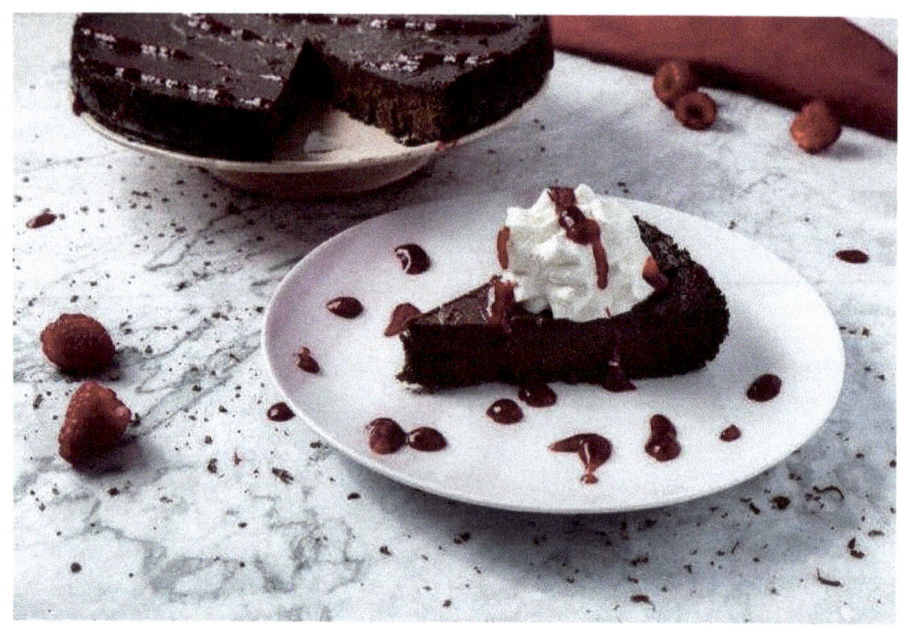

يجعل: 20 حصة

مكونات:
- 3 بيضات
- نصف كوب سكر
- ½ فانيليا فول
- ½ برتقال ، قشر مبشور
- 7 أونصات زبدة
- 8 أونصات شوكولاتة داكنة
- 1¼ كوب دقيق سادة
- 3 أوقية جوز
- كوب كريمة خفق
- ½ جرام زعفران
- 14 أوقية شوكولاتة بيضاء
- 1½ أونصة جوز
- 3 أونصات شوكولاتة داكنة
- قشر البرتقال

تعليمات:

☑ سخني الفرن إلى 200 درجة مئوية (400 فهرنهايت).

☑ اخفقي السكر والبيض حتى يصبح المزيـج أبيض ورقيق. أضيفي الفانيليا وقشر البرتقال.

☑ تذوب الشوكولاتة والزبدة بشكل منفصل. لتهدأ.

☑ اخلطي البيض والسكر بعناية مع الدقيق والزبدة والشوكولاتة والجوز الكامل.

☑ قم بتبطين قاع صينية مقاس 24 سم (9 بوصات) بورق الزبدة. صب في الخليط. تخبز لمدة 12-15 دقيقة في الجزء السفلي من الفرن.

☑ اسحق الزعفران واتركه يغلي في الكريمة. نقطع الشوكولاتة البيضاء ونتركها تذوب في الكريمة الساخنة.

☑ تُسكب كريمة الكمأة بالزعفران فوق كعكة الشوكولاتة. وفر ملعقتين صغيرتين للتزيين. اتركي الكيك في الثلاجة.

☑ اصنع رقائق رقيقة من نصف الكمية المتبقية من الشوكولاتة الداكنة. نذوب الباقي ونغمس الجوز فيه. يجب طلاء نصف كل حبة من الجوز.

☑ عندما تتماسك الكعكة ، أخرجها من المقلاة. انشر كريمة الكمأة المحفوظة على الحافة (قد تحتاج إلى تسخينها قليلاً) وربط رقائق الشوكولاتة على الحافة.

☑ تزين بالجوز وقشر البرتقال وربما المرزبانية.

## 75. كيك الزعفران الذهبي

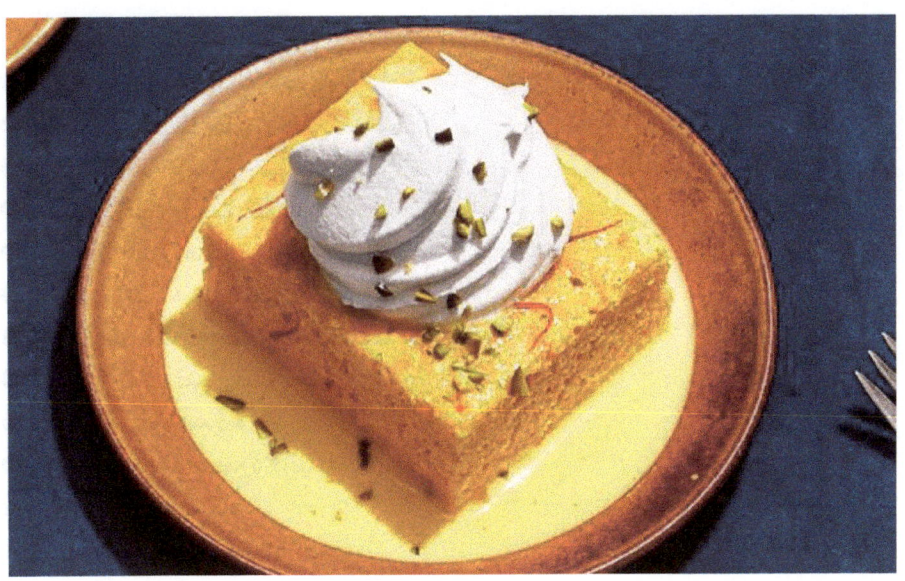

يصنع: 10 حصص

مكونات:

- 1 ملعقة كبيرة زبدة طرية
- نصف كوب حليب خالي الدسم
- 1 ملعقة صغيرة خيوط الزعفران
- 1⅓ كوب دقيق الكيك
- 1¾ كوب سكر
- 1 ملعقة صغيرة بيكنج بودر
- نصف ملعقة صغيرة من صودا الخبز
- 12 كوب بديل بيض مجمد منزوع الدسم مذاب
- 2 ملاعق كبيرة ماء ورد
- 1½ ملعقة صغيرة فانيليا
- نصف كوب ماء
- 1 ملعقة كبيرة فستق مقطع

تعليمات:

☑ ادهنوا قالب كيك بقياس 9 إنش بالزبدة ، امزجوا ملعقتان كبيرتان من الحليب منزوع الدسم وخيوط الزعفران في قدر صغير ، سخنوا وقلّبوا حتى يغلي ببطء.

☑ ازالة من الحرارة. نخلط دقيق الكيك مع 1 كوب سكر وبيكنج بودر وصودا الخبز. اخلطي خليط الزعفران واللبن الخالي من الدسم المتبقي وبديل البيض وماء الورد وملعقة صغيرة من الفانيليا.

☑ يحرك بسرعة في المكونات الجافة: حتى تمتزج. تصب في مقلاة جاهزة. اخبز في F'375. حوالي 15 دقيقة أو حتى يخرج الخشب نظيفًا من المنتصف. اتركها تبرد لمدة 5 دقائق. يُمزج ما تبقى من نصف كوب من السكر والماء في قدر صغير. الحرارة حتى الغليان. ينضج لمدة 5 دقائق. أضيفي الكمية المتبقية من نصف ملعقة صغيرة فانيليا.

☑ باستخدام سيخ ، اصنع ثقوبًا بالتساوي على سطح الكعكة بالكامل. يُسكب الشراب بالتساوي فوق سطح الكعكة.

☑ يرش الفستق. مقطعة إلى قطع على شكل ماس ، على طريقة البقلاوة.

## 76. تارت التفاح والزعفران بالعسل

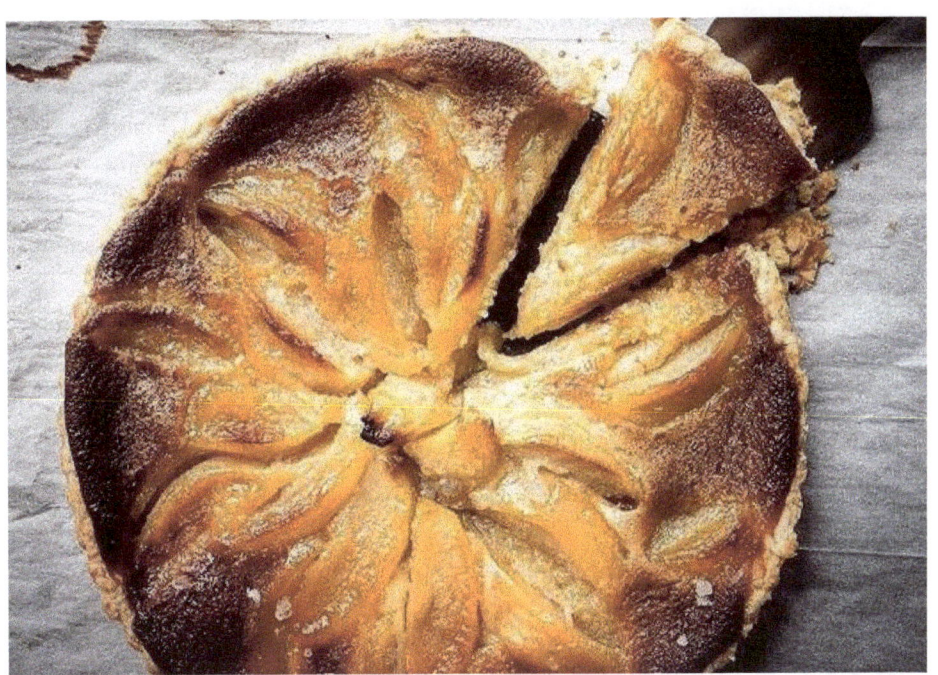

يصنع: 8 حصص

مكونات:
- 9 "فلان قصدير
- 8 أونصات دقيق ذاتي التخمير
- 4 أونصات زبدة
- 1 رشة بهارات مشكلة
- حليب للخلط
- 3 تفاح حلو. مقشر ، محفور و
- ؛ مقطع إلى شرائح
- 10 أونصات سائلة كريم مزدوج
- 5 أونصات سائلة حليب
- 1 رشة زعفران
- 3 بيضات؛ بالإضافة إلى 1 صفار
- 2 ملاعق كبيرة عسل

تعليمات:
☑ بادئ ذي بدء ، اصنع المعجنات عن طريق فرك الزبدة الباردة في الدقيق بحيث تشبه فتات الخبز. اخلطيها مع عجين متماسك ولكن ليس رطبًا جدًا. يمكنك إما لفها على شكل دائرة ثم تبطن القصدير أو تدفعه حول القصدير برفق ولأعلى حول الحواف حتى الخط. اخبزيها لمدة 10 دقائق ، ثم اتركيها تبرد.

☑ سخني الحليب والقشدة والزعفران حتى يبدأ الزعفران بالنزف. يخفق البيض والصفار مع العسل ويُسكب على الكريمة والحليب والزعفران.

☑ فاز باستمرار مع خفقت.

☑ ضع التفاح في جميع أنحاء قاعدة التورتة ، واسكبه فوق السائل ، واطهيه لمدة 25-30 دقيقة على الغاز 4-5 أو 180 درجة مئوية - 190 درجة مئوية.

## 77. خوخ بالزعفران

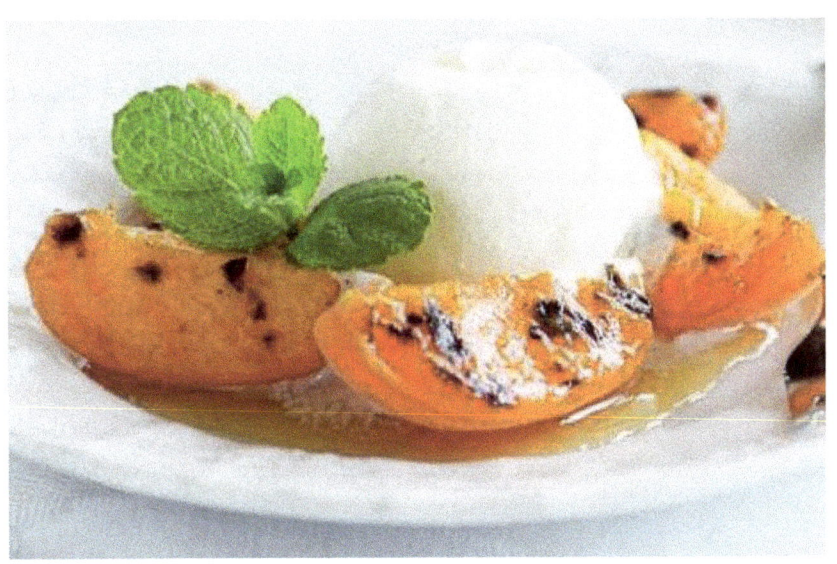

يجعل: 6 حصص

مكونات:
- 6 حبات خوخ كبير غير ناضج
- نصف كوب سكر
- ¼ ملعقة صغيرة من خيوط الزعفران الاسباني
- 1 فلفل أحمر تشيلي مجفف
- 10 حبات البهارات
- 2 ورق غار
- 1 قطعة زنجبيل طازج مقشر ومقطع بالطول إلى 3 شرائح
- 6 أكواب ماء
- أغصان النعناع للتقديم
- مجعد؛ شرائح طويلة من قشر الليمون للتقديم

تعليمات:
☑ باستخدام مقشرة خضروات حادة ، قشر الدراق واتركه جانبًا.
☑ في قدر كبير غير متفاعل ، اخلطي السكر والزعفران والفلفل الحار وتوت البهارات وأوراق الغار والزنجبيل والماء. على نار متوسطة منخفضة ، قلبي حتى يذوب السكر.
☑ ارفعي النار واتركي المزيج يغلي ، ثم اخفضي النار واتركي المزيج على نار هادئة لمدة 10 دقائق.
☑ أضيفي الخوخ واستمري في الغلي لمدة 30 دقيقة أو حتى ينضج الخوخ ولكن ليس طريًا.
☑ اقلبهم من حين لآخر حتى تأخذ كل الجوانب لون الزعفران بالتساوي. يتم إجراؤها عندما يتم إدخال عود أسنان في الفاكهة في منتصف الطريق بسهولة.
☑ انقلي الخوخ بملعقة مثقوبة إلى أطباق فردية أو طبق تقديم ، اتركيه يبرد ثم ضعيه في الثلاجة. تُزين بالنعناع وقشر الليمون.

## 78. آیس کریم زعفران

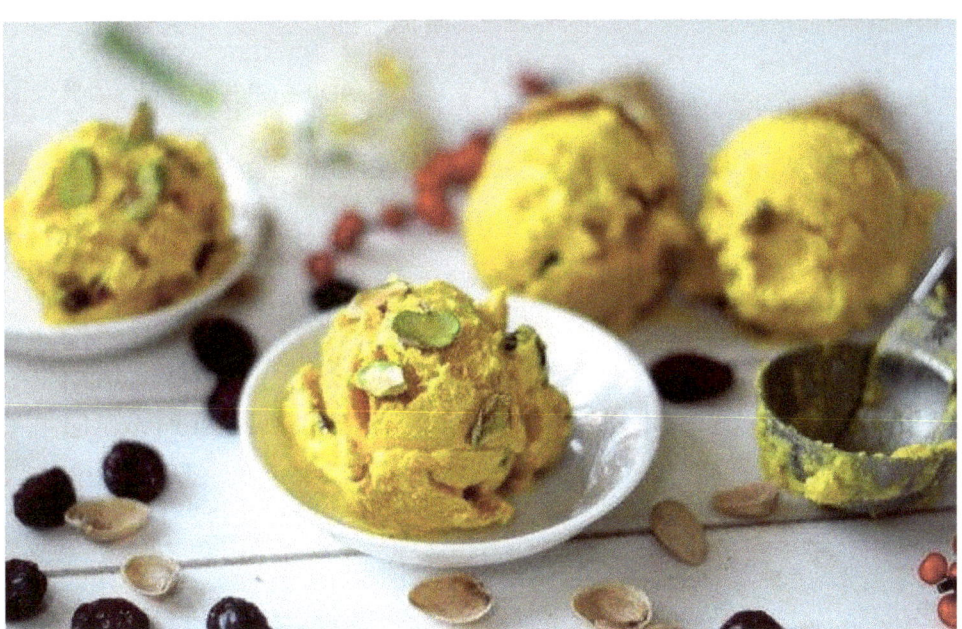

يجعل: 3 حصص

مكونات:
● 1½ كوب نصف ونصف
● 1 بيضة
● ½ غرام زعفران ناعم المفروم
● براندي
● نصف كوب سكر

تعليمات:
☑ انقعي الزعفران في كمية قليلة جدًا من البراندي (يكفي لتغطيته) لمدة ساعة.
☑ اسلقي البيضة لمدة 45 ثانية بالضبط. تُمزج جميع المكونات وتُترك في الثلاجة لمدة نصف ساعة.
☑ ثم اتبع الإجراء المعتاد لجهاز صنع الآيس كريم الخاص بك.

## 79. الزعفران والفستق بانا كوتا

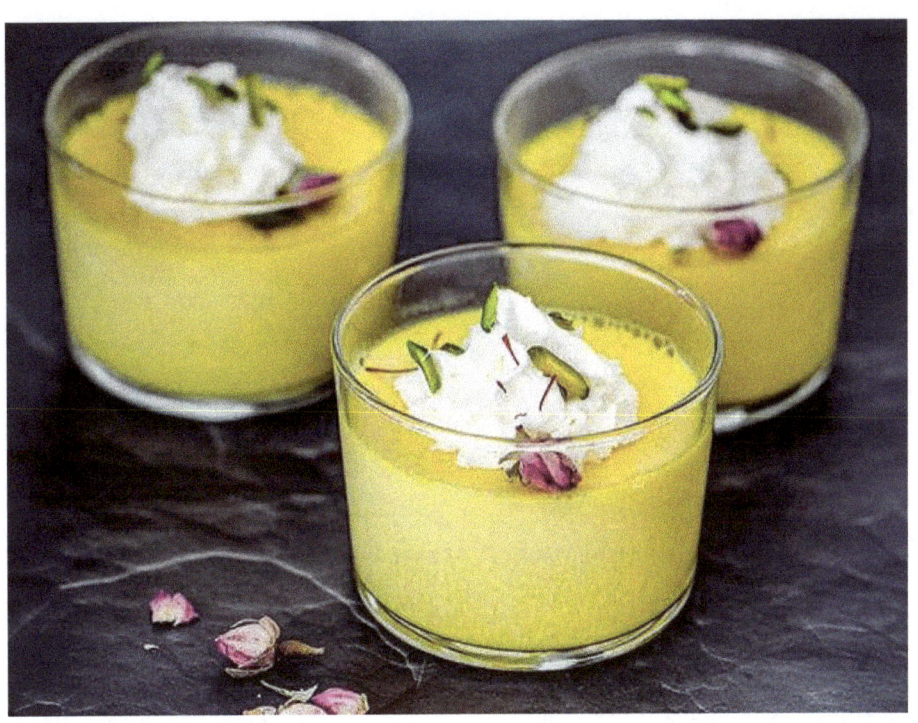

يجعل: 2 حصص

مكونات:
ملعقتان كبيرتان بانير طري أو جبن قريش محلي الصنع
ملعقة صغيرة سكر -2
2 ملعقة طعام حليب -
1 ملعقة طعام قشطة -
رشة زعفران -
مسحوق أجار أجار - قرصة كبيرة
2 ملعقة صغيرة فستق -
رشة من مسحوق الهيل -

تعليمات:
يُهرس البانير الناعم ومسحوق السكر حتى يصبح المزيـج ناعمًا.
اسلقي ملعقتين كبيرتين من الحليب وملعقة كبيرة من الكريمة ورشة زعفران معًا.
أضف رشة كبيرة من مسحوق أجار.
خفقت حتى تصبح ناعمة.
يُضاف مزيـج البانير ومسحوق الهال والفستق المفروم. اخلط جيدا.
في قالب مدهون ، نضيف 4/1 ملعقة صغيرة من الفستق المفروم. يُسكب مزيـج البانا كوتا.
يبرد لمدة ساعتين في الثلاجة.
لا يفكر ويخدم. أضف بعض الشراب من اختيارك والفواكه في الأعلى.
يمكنك ضبط السكر حسب الذوق.

## 80. ماء جوز الهند بانا كوتا بالزعفران

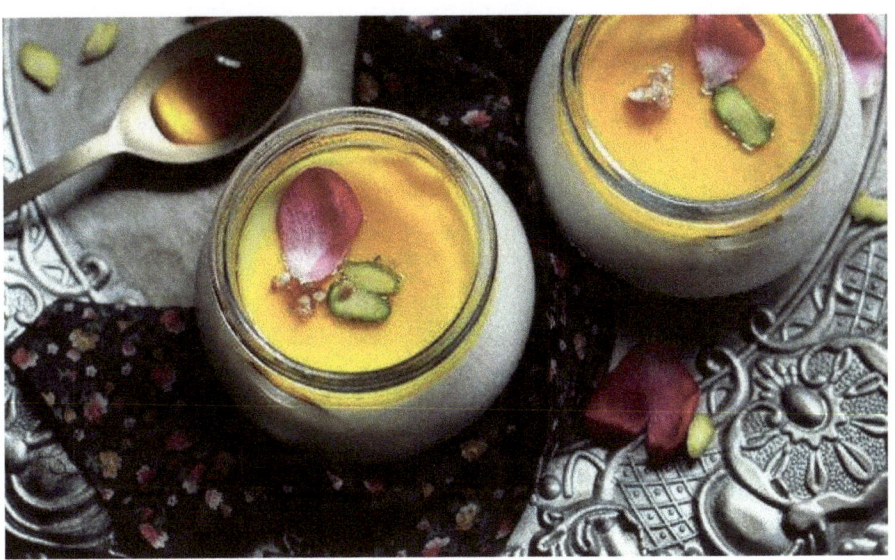

يصنع: 6 حصص

مكونات:
3-2 ملاعق كبيرة خيوط أجار أجار
1 لتر ماء جوز الهند الطازج
2 ملعقة كبيرة سكر
10-8 خيوط الزعفران

تعليمات:
بادئ ذي بدء ، نقع خيوط أجار أجار في كوب من الماء. اتركه جانباً لمدة 30 دقيقة. اجعليه يغلي على نار عالية في البداية. ثم اخفض الحرارة واتركها تذوب تمامًا. سيستغرق الأمر حوالي 8-10 دقائق.
سخني ماء جوز الهند والسكر حتى يسخن. أضف مزيج Agar-Agar إليه. صفيها إذا رغبت في ذلك. لكنها ليست ضرورية على الإطلاق. يمكنك إضافته مباشرة. لكن احرص على حلها تمامًا كما ترى في الصورة. كما يحرك في خيوط الزعفران. تخلط جيداً وتترك لتبرد قبل وضعها في الثلاجة.
غطيها وضعيها في الثلاجة حتى تنضج. قطعيها واستمتعي بالقليل من جوز الهند الجاف المفروم في الأعلى. أو كما هي. طعمها رائع جدا. يم!

## 81. مانجو لاسي بانا كوتا

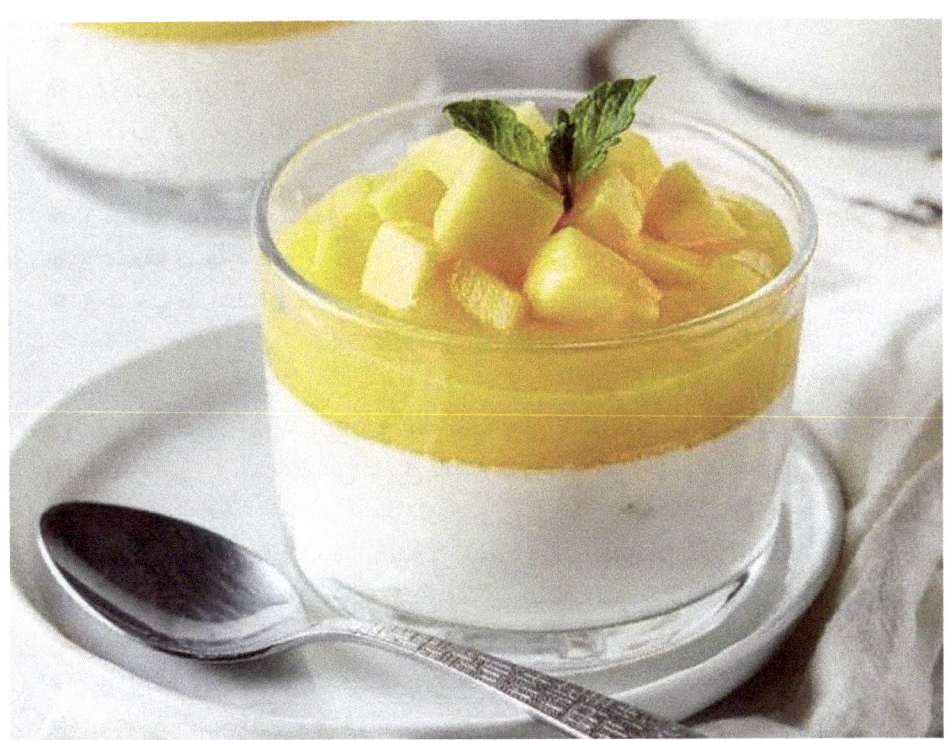

مكونات:
- 2 حبة مانجو كبيرة
- 4/1 كوب حليب
- 3/2 كوب زبادي
- 1 كوب كريمة ثقيلة
- 2 ملعقة كبيرة سكر
- 1 ملعقة صغيرة مسحوق أجار
- 1 ملعقة صغيرة هيل بودرة
- 4-3 خيوط زعفران

تعليمات:
a) انقع مسحوق Agar Agar في ماء كافٍ حتى يتشرب جيدًا. انه الضروري.
b) تحضير بيوريه المانجو عن طريق تقشيرها وقطع شرائحها وإضافتها إلى الخلاط لعمل بيوريه
c) يُضاف الحليب والقشدة الثقيلة في مقلاة ويُغلى المزيج على نار متوسطة.
d) يُضاف مسحوق الهيل وخيوط الزعفران. يُضاف بيوريه المانجو واللبن ويُخفق جيدًا وهو على النار. اجلس جانبا
e) تبرد لمدة 2-3 دقائق ثم يصفى مزيج المانجو
f) دهن القوالب. تصب في قوالب وتوضع في الثلاجة طوال الليل
g) زينيها بشرائح المانجو الصغيرة وأوراق النعناع واستمتع بها

## 82. الزعفران والفستق بانا كوتا

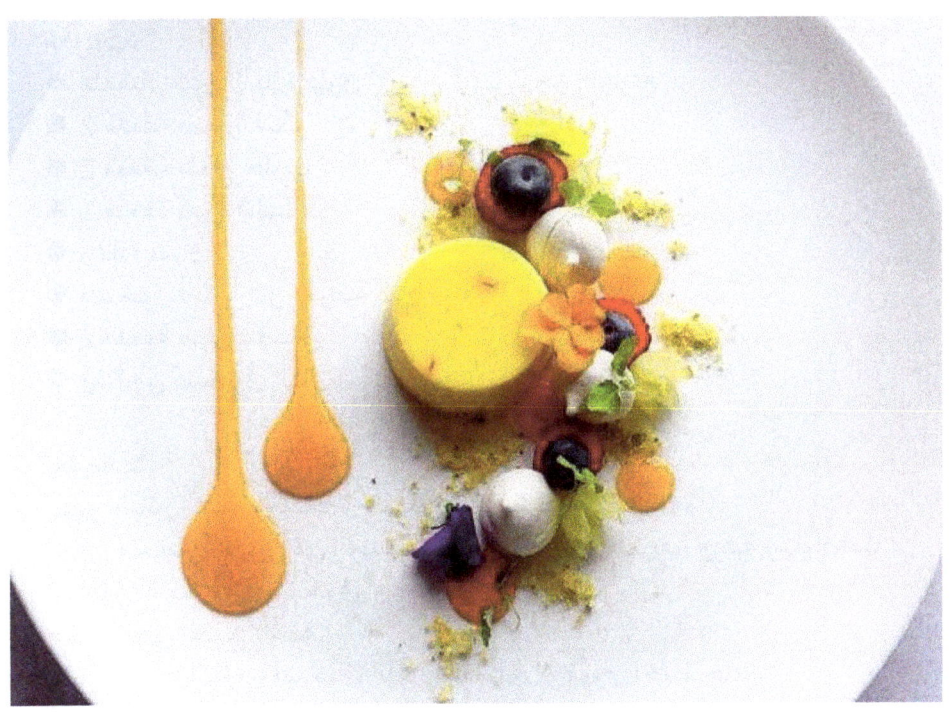

يجعل: 2 حصص

مكونات:

- ملعقتان كبيرتان بانير طري أو جبن قريش محلي الصنع
- 2 ملعقة صغيرة سكر
- 2 ملعقة طعام حليب
- 1 ملعقة كبيرة قشطة
- رشة زعفران
- مسحوق أجار أجار - قرصة كبيرة
- 2 ملعقة صغيرة فستق
- رشة من مسحوق الهال

تعليمات:

يُهرس البانير الناعم ومسحوق السكر حتى يصبح المزيـج ناعمًا.
اسلقي ملعقتين كبيرتين من الحليب وملعقة كبيرة من الكريمة ورشة زعفران معًا.
أضف رشة كبيرة من مسحوق أجار.
خفقت حتى تصبح ناعمة.
يُضاف مزيـج البانير ومسحوق الهال والفستق المفروم. اخلط جيدا.
في قالب مدهون ، نضيف 4/1 ملعقة صغيرة من الفستق المفروم. يُسكب مزيـج البانا كوتا.
يبرد لمدة ساعتين في الثلاجة.
لا يفكر ويخدم. أضف بعض الشراب من اختيارك والفواكه في الأعلى.
يمكنك ضبط السكر حسب الذوق.

## 83. ايس كريم ملفوف بالزعفران

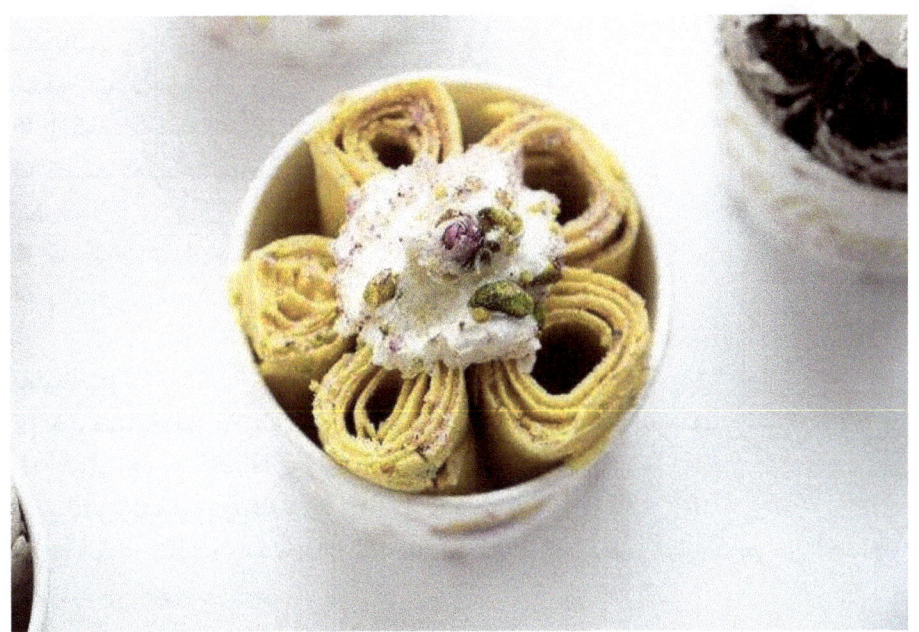

يصنع: 6-8 حصص

**مكونات:**
**المكونات الأساسية**
● 1 كوب كريمة
● نصف كوب حليب مكثف
**تتصدر**
● ½ جرام زعفران مفروم ناعم
● براندي

**تعليمات:**
a) خذ صينية خبز نظيفة وكبيرة وأضف الكريمة والحليب المكثف.
b) أضيفي جميع الإضافات واخلطيها بملعقة.
c) ينتشر بالتساوي ويجمد طوال الليل.
d) في اليوم التالي ، باستخدام الملعقة نفسها ، قم بلف الآيس كريم من أحد طرفي الصينية إلى الطرف الآخر.

## 84. كعكة الشوكولاتة مع كريمة الكمأة بالزعفران

يجعل: 20 حصة

مكونات:
● 3 بيضات
● نصف كوب سكر
● ½ فانيليا فول
● ½ برتقال ، قشر مبشور
● 7 أونصات زبدة
● 8 أونصات شوكولاتة داكنة
● 1¼ كوب دقيق سادة
● 3 أوقية جوز
● كوب كريمة خفق
● ½ جرام زعفران
● 14 أوقية شوكولاتة بيضاء
● 1½ أونصة جوز
● 3 أونصات شوكولاتة داكنة
● قشر البرتقال

1. سخني الفرن إلى 200 درجة مئوية (400 فهرنهايت).
2. اخفقي السكر والبيض حتى يصبح المزيج أبيض ورقيق. أضيفي الفانيليا وقشر البرتقال.
3. تذوب الشوكولاتة والزبدة بشكل منفصل. لتهدأ.
4. اخلطي البيض والسكر بعناية مع الدقيق والزبدة والشوكولاتة والجوز الكامل.
5. غلف قاع صينية مقاس 24 سم (9 بوصات) بورق زبدة.
صب في الخليط. تخبز لمدة 12-15 دقيقة في الجزء السفلي من الفرن. يجب أن تثبت الكعكة فقط. لتهدأ. 6. اسحق الزعفران واتركه يغلي في الكريمة. نقطع الشوكولاتة البيضاء ونتركها تذوب في الكريمة الساخنة.
7. صبي كريمة الكمأة بالزعفران فوق كعكة الشوكولاتة. وفر 2 ملعقة صغيرة للتزيين. اتركي الكيك في الثلاجة.
8. اصنع رقائق رقيقة من نصف الكمية المتبقية من الشوكولاتة الداكنة. نذوب الباقي ونغمس الجوز فيه. يجب طلاء نصف حبة الجوز فقط.
9. عندما تتماسك الكعكة ، أخرجها من المقلاة. انشر كريمة الكمأة المحفوظة على الحافة (قد تحتاج إلى تسخينها قليلاً) وربط رقائق الشوكولاتة على الحافة. تزين بالجوز وبرش البرتقال وربما المرزبانية.

## 85. باللبن أرز بالزعفران

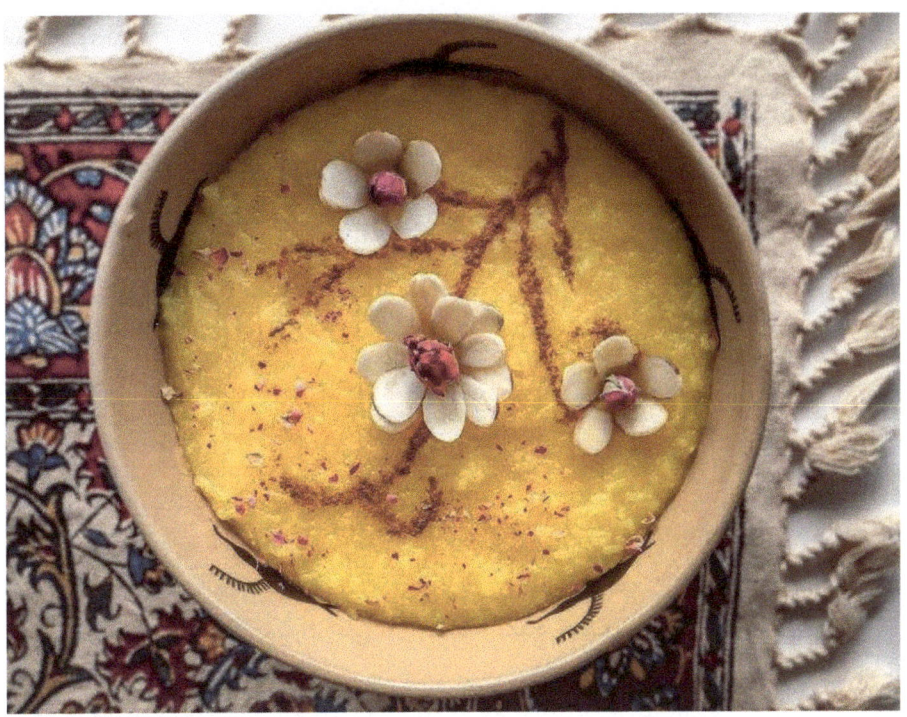

يصنع: 4 حصص

مكونات:
1¼ كوب أرز بسمتي
2½ كوب ماء
نصف كوب حليب
قرصة خيوط الزعفران
2 ملاعق كبيرة زبدة
2 حبات هيل أخضر ، مصابة بالكدمات
1 إنش عود قرفة
2 قرنفل
نصف كوب زبيب
نصف كوب سكر
ربع كوب لوز مقطع محمص

يغسل الأرز تحت الماء الجاري البارد ويوضع في قدر كبير مع 2½ كوب من الماء. يُغلى المزيج ويُخفّف الحرارة ويُترك على نار خفيفة لمدة خمس دقائق ثم يُصفّى.

ضعي ملعقتين كبيرتين من الحليب في وعاء صغير ، أضيفي الزعفران وانقعيه لمدة خمس دقائق.

سخني الزبدة في قدر ثقيل ، ثم أضيفي الأرز وحبوب الهال والقرفة والقرنفل واطهي لمدة دقيقتين إلى ثلاث دقائق أو حتى يصبح الأرز معتمًا.

يُضاف الحليب المتبقي ومزيج حليب الزعفران والزبيب والسكر ويُغلى المزيج. يُغطّى المزيج ويُترك على نار خفيفة لمدة تتراوح من ست إلى ثماني دقائق أو حتى ينضج الأرز ويمتص السائل.

تُرفع البهارات الكاملة وتُقدّم ساخنة مع تناثر اللوز في الأعلى.

## 86. مهلبية البيض

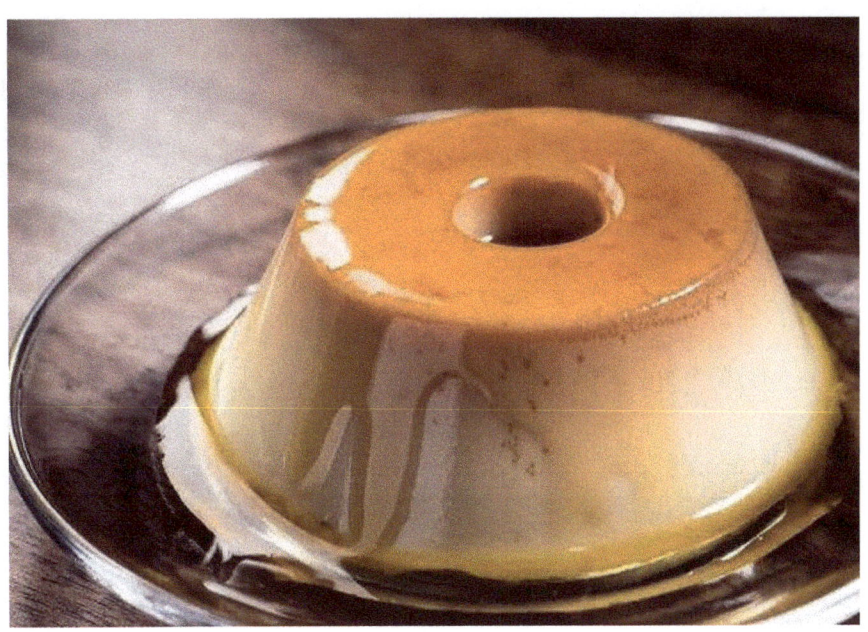

يصنع: 5 حصص

مكونات:
● 3-6 بيضات
● 1 لتر حليب
● 8 ملاعق كبيرة سكر
● 3-5 خيوط زعفران

تعليمات:
a) اجمع المكونات. اكسري البيض وضعي كل المكونات في الخلاط
b) امزج لمدة أقل من دقيقة واسكبها في طبق الخبز. اخبز في 170 دقيقة لمدة 20 دقيقة
c) برد لمدة ساعة أو ساعتين قبل التقديم. فقط لذيذ. يُزين باللوز المُبيض أو كما هو.

## 87. كعك الريزوتو بالزعفران

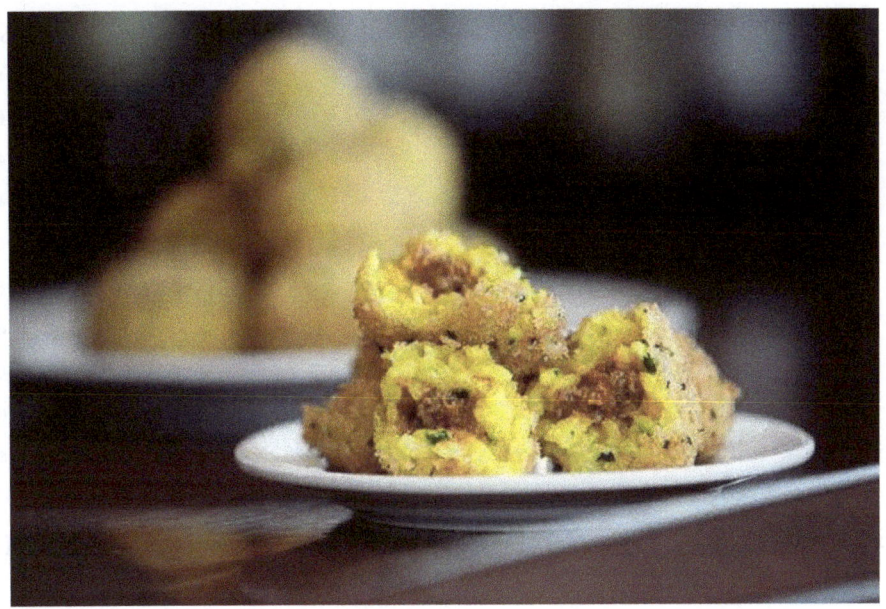

يصنع: 4 حصص

مكونات:
- 500 مل مرق الخضار
- ملح وفلفل
- 75 جرام زبدة
- 2 ملاعق كبيرة زيت زيتون
- 2 فص ثوم سحقت
- 150 جرام أرز ريزوتو
- قرصة جيدة من خيوط الزعفران المنقوعة في أ
- ؛ مخزون قليل
- 100 غرام جبن بارميزان مبشور
- سلطة وخل بلسميك

a) نذوب الزبدة والزيت في مقلاة ونطهو الثوم حتى يصبح طريًا ولكن غير ملون. يُرفع الأرز عن النار حتى يُغطى جيداً بمزيج الثوم.

b) عد إلى النار وأضف مرقة كافية لتغطية الأرز فقط. نضيف الزعفران مع سائلها.

c) يُطهى المزيج حتى يمتص الأرز السائل ويُضاف المزيد حتى ينضج تمامًا. يضاف نصف جبن البارميزان ويقلب جيدا.

d) عند الطهي ، تبرد لفترة من الوقت لكن لا تتركها تبرد. عندما تكون دافئة ، شكليها على شكل كعكات صغيرة ، ثم بردها في الثلاجة. عندما تبرد ، تُقلى الكعك في بعض زيت الزيتون الساخن حتى يصبح لونها بنياً ذهبياً على كلا الجانبين.

e) يُقدم مع الخل البلسمي ويُرش بالبارميزان المتبقي.

# 88. بودنغ الزعفران الفارسي

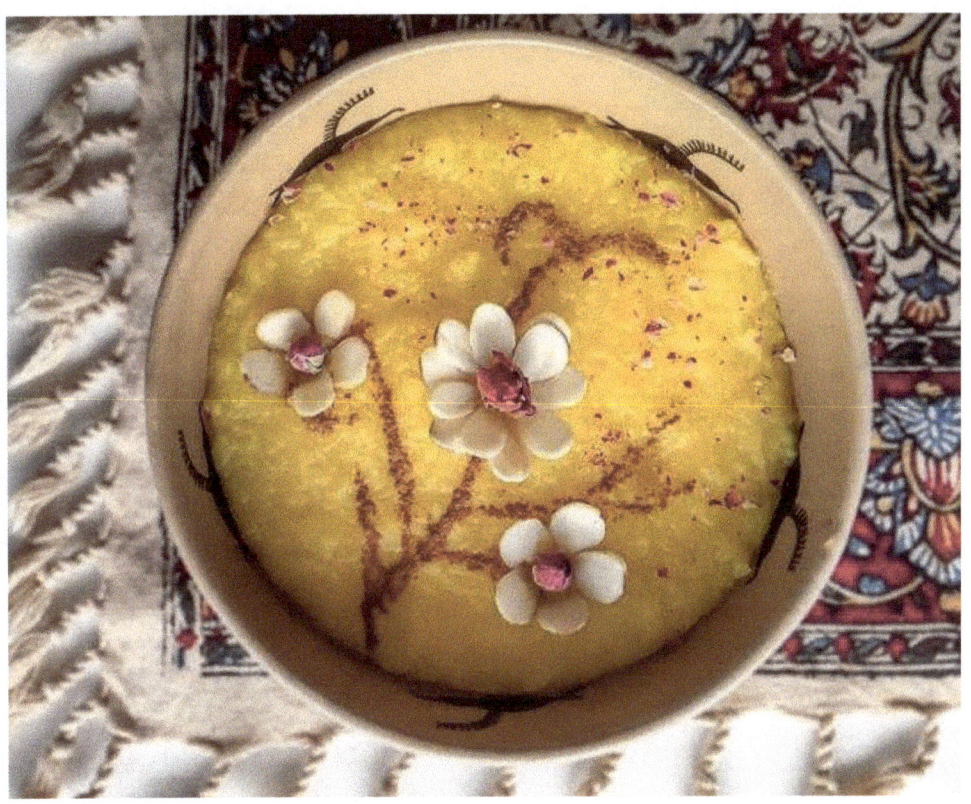

**يجعل: 6 حصص**

مكونات:

**بودنغ**

- 3 أكواب من حليب جوز الهند غير المحلى
- 1 4/1 كوب ماء مقسمة
- 2/1 كوب سكر
- 4/3 كوب دقيق أرز بني
- 1 عود قرفة كاملة
- 1 يانسون كامل
- 12 حبة هيل أخضر
- 2/1 ملعقة صغيرة زعفران
- 2/1 ملعقة صغيرة كركم
- 4/3 ملعقة صغيرة ملح

**شراب زهر البرتقال**

- 2/1 كوب سكر
- 3 ملاعق كبيرة ماء
- 2 ملاعق كبيرة ماء زهر
- فستق مقشر ومزين
- زبيب أسود أو ذهبي ، مقبلات
- خيوط الزعفران ، زينة اختيارية

تعليمات

a) لتحضير البودينغ: في طبق صغير ، اخلطي عود القرفة واليانسون النجمي وحبات الهال والزعفران والكركم وغطّيه بربع كوب من الماء الساخن لإزهار التوابل.

b) ازدهار التوابل في الماء.

c) في قدر متوسط الحجم ، يُمزج حليب جوز الهند والماء والسكر والملح. يُغلى المزيج ، ثم يُخفَض على نار خفيفة ويُخفق ببطء في دقيق الأرز حتى يصبح ناعمًا.

d) يضاف طبق البهارات ويقلب حتى يمتزج جيداً. يُطهى لمدة 15-20 دقيقة مع التحريك المتكرر.

e) إضافة التوابل إلى حليب جوز الهند على الموقد.

f) يُرفع عن النار ويُنقل إلى مصفاة شبكية فوق وعاء خلط كبير. ادفع بملعقة أو ملعقة لإزالة أي توابل كاملة.

g) يقسم البودينج بالتساوي بين 4-6 أطباق ويوضع في الثلاجة ليبرد قبل التقديم.

h) لتحضير شراب زهر البرتقال: يُمزج جميع المكونات في قدر صغير ويُغلى المزيج على نار متوسطة. يرفع عن النار ويترك ليبرد. سوف يثخن الشراب عند الوقوف.

i) صنع شراب زهر البرتقال على الموقد.

j) للتجميع ، ضعي القليل من الفستق والزبيب على البودنج ، ثم رشي عليها شراب زهر البرتقال. إذا كنت تشعرين بالبهجة الشديدة ، يمكنك التزيين ببعض خيوط الزعفران.

k) بودنغ الزعفران الفارسي - خالٍ من الغلوتين ، خالٍ من الألبان ، وصفة حلوى نباتية مع الزعفران والفستق وشراب زهر البرتقال

## 89. ميني كيك البرتقال والزعفران

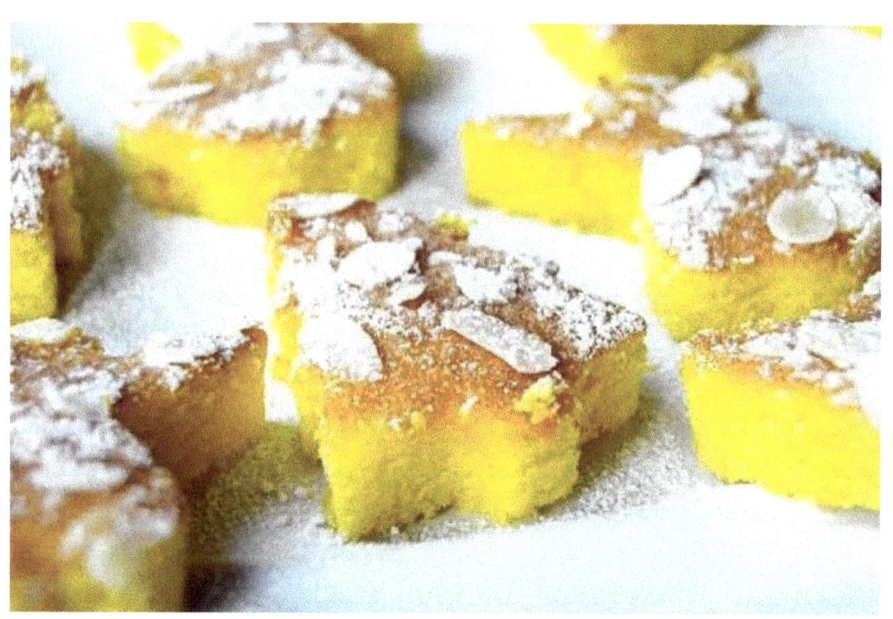

يصنع: 20-22 حصة

مكونات:

لتحضير الكيك:

- 1 جرام زعفران
- 1 ملعقة كبيرة شراب الروم
- 1 ملعقة صغيرة سكر
- 3 بيض عضوي
- 1 كوب (180 جم) سكر
- 1 3/1 كوب (160 جم) دقيق لجميع الأغراض
- 2/1 ملعقة صغيرة بيكنج بودر
- 3/2 كوب (150 جم) زبدة مذابة
- 1 برتقال عضوي كبير (عصير + نكهة)

لزجاج البرتقال واللوز:

- 2/1 برتقال (عصير)
- 2 ملعقة كبيرة (30 جم) سكر بودرة
- 2 ملاعق كبيرة (30 جم) لوز مقشر

تعليمات

a) سخني الفرن إلى 350 درجة فهرنهايت (180 درجة مئوية). في فنجان قهوة صغير ، ذوبي الزعفران في الروم مع 1 ملعقة صغيرة من السكر. دعه ينقع لمدة 30 دقيقة على الأقل.

b) في وعاء كبير ، اخفقي البيض والسكر حتى يصبح شاحبًا ورقيقًا. يضاف الزعفران المنقوع في الروم ويقلب حتى يتجانس.

c) ينخل الدقيق مع البيكنج بودر ويخلط جيدا.

d) تذوب الزبدة في قدر صغير أو في الميكروويف.

e) في غضون ذلك ، ابشر قشر برتقال طازج واعصره.

f) نضيف الزبدة المذابة إلى الخليط وعصير البرتقال والقشر ويقلب جيداً.

g) صب الخليط في مقلاة 12 × 16 مدهونة بالزيت سابقًا (أو مغطاة بورق زبدة) واخبزيها في منتصف الطريق لمدة 25 دقيقة تقريبًا. عندما يخرج معول السن نظيفًا ، تكون الكعكة جاهزة.

h) في غضون ذلك ، قم بإعداد التزجيج عن طريق خلط عصير البرتقال والسكر البودرة معًا.

i) ادهني الكيك بالطلاء البرتقالي وزينيه ببعض قطع اللوز. اتركه ليبرد تمامًا حتى يتم تثبيت التزجيج.

j) قطع الكعكة بقواطع ملفات تعريف الارتباط من مختلف الأشكال (شجرة عيد الميلاد ، والنجوم ، والقلب ، والملائكة) ووضعها على صينية.

## 90. زعفران كولفي بوبس

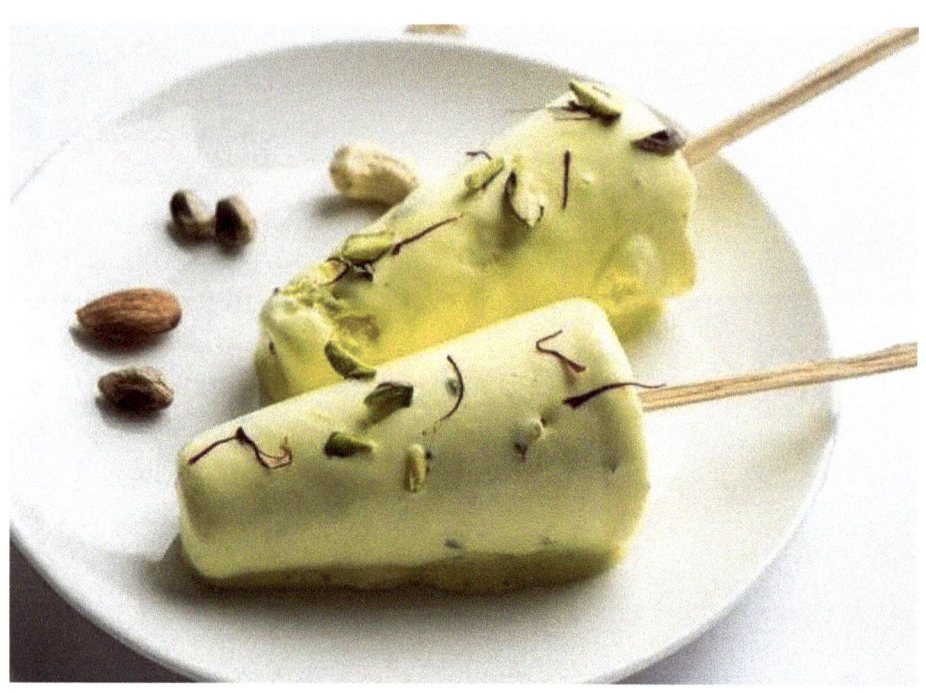

يجعل: 8 حصص
مكونات:

- 1½ لتر حليب كامل الدسم
- نصف كوب سكر
- 16/1 ملعقة صغيرة مسحوق الزعفران أو
- ⅛ ملعقة صغيرة من خيوط الزعفران
- 1 ملعقة كبيرة ماء مغلي
- 8 أكواب ورقية أو
- طبخ مخطوطة أو
- ورق مشمع
- 8 عيدان آيس كريم (حسب الطلب)

a) في مقلاة 6-8 كوارت على نار عالية ، قلّب الحليب والسكر حتى الغليان. على نار متوسطة عالية ، يُغلى المزيج حتى يقل إلى 2 كوب ، 25-35 دقيقة ، مع التحريك كثيرًا ؛ حرك المقلاة جزئيًا بعيدًا عن النار إذا كان الحليب يهدد بالغليان. لتهدأ؛ لتسريع التبريد ، ضع المقلاة في ماء مثلج.

b) ضعي الزعفران في وعاء صغير. يضاف الماء المغلي ويقلب ويترك لمدة 5 دقائق. قطع الخيوط بملعقة صغيرة. يُكشط الخليط في خليط الحليب الدافئ.

c) ضع أكواب ورقية في مقلاة بإطار. أو لعمل مخاريط ، اقطع 8 قطع من ورق البرشمان أو الورق المشمع إلى مربعات مقاس 7 "، اطوِ كل قطعة إلى نصفين لعمل مثلث.

d) مع وجود حافة طويلة نحوك ، قم بإحضار إحدى الزوايا الـ 45 إلى أعلى المثلث ، ثم دحرج نحو زاوية أخرى. لإغلاق الفتحة في الأسفل ، بدءًا من الأعلى ، اضغط على 1 داخل الورقة إلى الجانب الآخر.

e) الصق المخروط في أماكن قليلة لتثبيته معًا. دعم كل مخروط ، مدببة الطرف لأسفل ، في كوب أطول قليلا من المخروط ؛ ضع الكؤوس في مقلاة بإطار.

f) قسّم خليط الحليب على أكواب أو أكواز. جمد حتى يصبح الكلفي سميكًا ولكن ليس صعبًا ، من 1 إلى 1 ساعة ؛ ثم ، إذا رغبت في ذلك ، ادفع عصا الآيس كريم في كل وعاء. جمده حتى يتماسك لمدة ساعتين تقريبًا.

g) لتناول الطعام ، انزع الورق. لتخزين ، ختم kulfi (لا يزال في أكواب أو أقماع) في كيس من البلاستيك parge ؛ تجمد لمدة تصل إلى أسبوعين.

# تابورشم

## 91. موكتيل الزعفران والقرفة

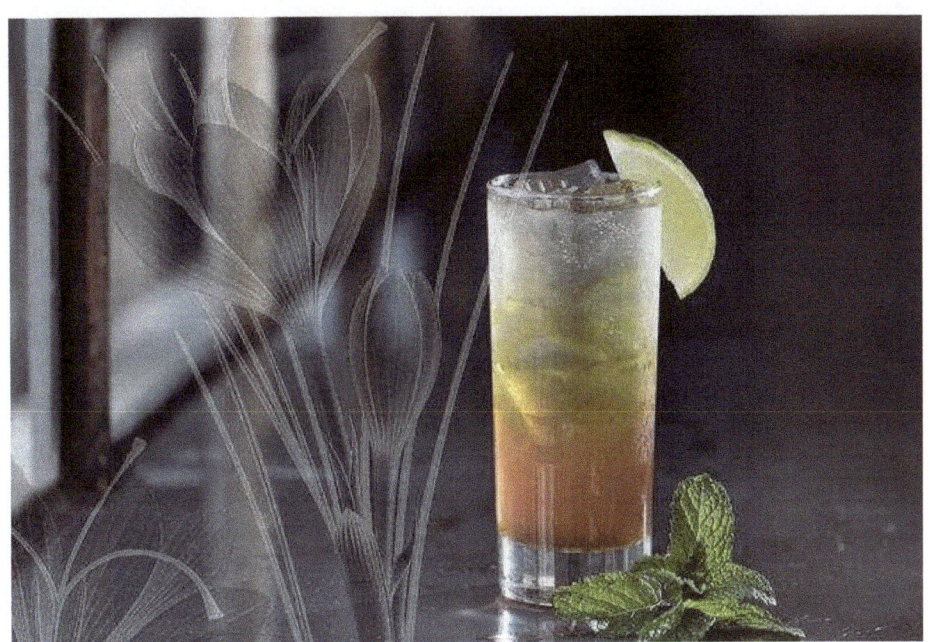

يجعل: 4

مكونات:
- 12 أوقية من الماء
- 2 قطعة عود قرفة
- 2 قطعة من الزنجبيل الطازج
- 3 أونصات سكر
- ½ ملعقة صغيرة من خيوط الزعفران
- مكعبات ثلج
- المياه المبردة

تعليمات:
a) في قدر أو قدر ، ضعي عود القرفة والزنجبيل والسكر مع الماء واغليهم على نار معتدلة.
b) أضيفي الزعفران عندما يصبح القطر سميكًا قليلًا ، واطهيه لمدة دقيقة أخرى.
c) صفي الشراب في إبريق.
d) أضف ملعقة كبيرة من كل من الشراب إلى 4 أكواب ، وأضف الثلج إلى كل كوب ، ثم ضع الماء المبرد فوقها.
e) زينها بخيوط الزعفران المحفوظة واستمتع بها على الفور.

## 92. کوکتیل زعفران و خوخ

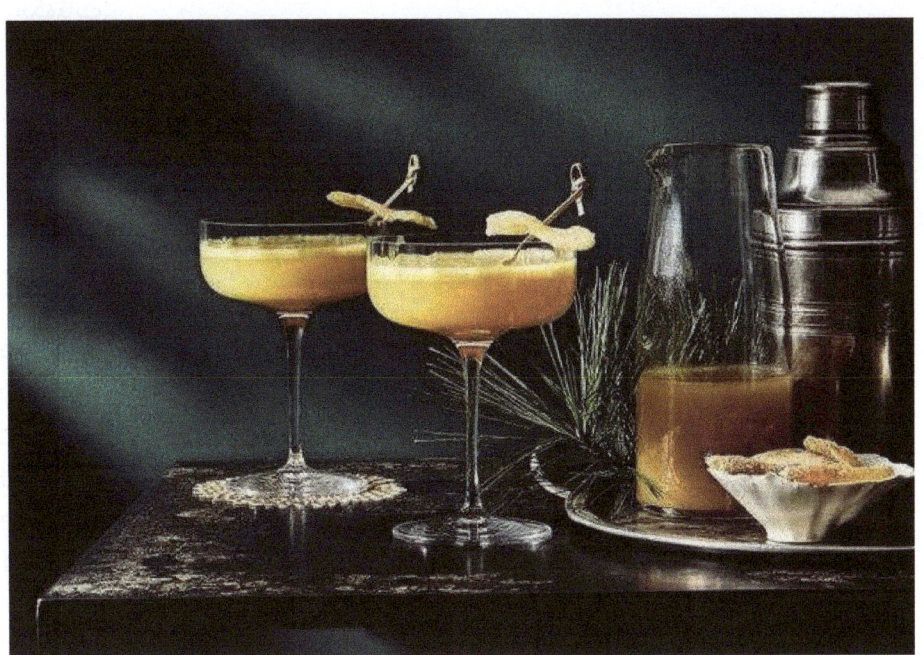

يجعل: 4

مكونات:
- 4 أونصات شراب ذهبي أو شراب قصب
- 1 ملعقة صغيرة من خيوط الزعفران
- 16 أوقية من عصير الخوخ
- 8 أونصات من عصير التفاح
- مكعبات ثلج

تعليمات:
a) في قدر أو قدر، اغلي 4 أونصات من الماء.
b) أضيفي الشراب الذهبي والزعفران واخلطيهم حتى يمتزجوا جيدًا.
c) ارفعي النار عن النار واتركي شراب الزعفران يبرد.
d) يصفى ويغطى ويترك ليبرد في الثلاجة.
e) يُمزج شراب الزعفران وعصير الخوخ وعصير التفاح.
f) يقدم في 4 أكواب تحتوي على ثلج ويقدم.

## 93. شجيرة الزنجبيل والبرتقال

يجعل: 6-4

مكونات:

- 2 حبة برتقال مقشرة ومقطعة
- 2 قطعة زنجبيل طازج مقشر ومفرومة بشكل خشن
- رشة من خيوط الزعفران + اضافات للتزيين
- 7 أونصات سكر
- 4 أونصات من خل التفاح
- نادي الصودا المبردة
- مكعبات ثلج

تعليمات:

a) انقل الشرائح البرتقالية إلى وعاء زجاجي.
b) أضيفي الزنجبيل وخيوط الزعفران والسكر والخل واخلطي المكونات حتى تمتزج جيدًا.
c) قم بلف الغطاء ورج البرطمان جيدًا.
d) صفي المزيج بقطعة من القماش القطني في إبريق وضعيه في الثلاجة حتى يبرد.
e) ضعي فوقها صودا كلوب المبردة وقدميها مع الثلج.

## 94. شفاء لاسي

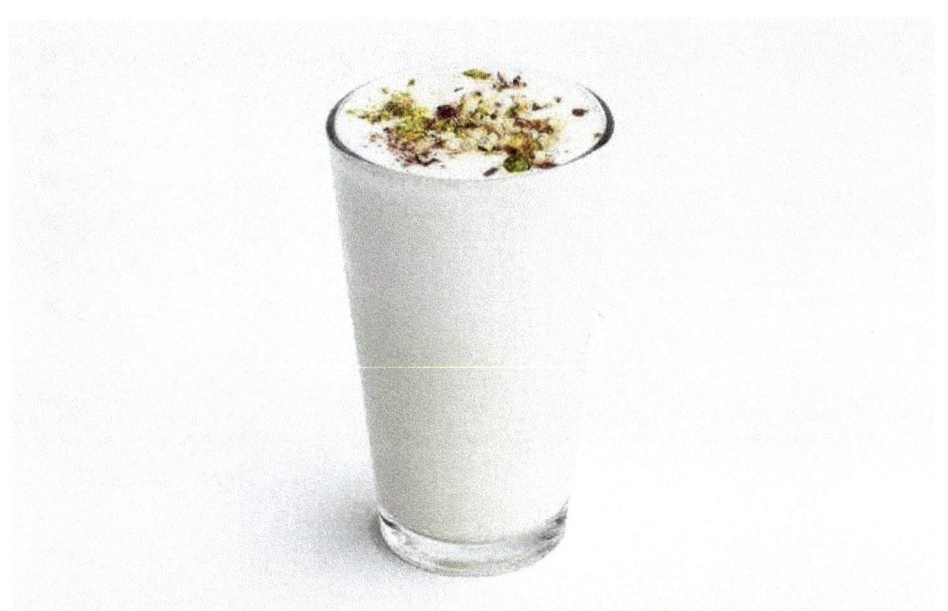

يجعل: 2 حصص

**مكونات:**
- نصف كوب زبادي جوز الهند واللوز
- كوب ماء نقي مصفى أو نبع
- 1 تمر مجهول منزوع النوى
- رشة مسحوق الكركم
- رشة قرفة مطحونة
- رشة هيل بودرة
- 3 وصمة زعفران اختيارية

تعليمات:
a) ضعي جميع المكونات في الخلاط واخلطيها لمدة دقيقتين حتى تصبح ناعمة.
b) اشرب على الفور.

## 95. الليموناضة بالزعفران والورد

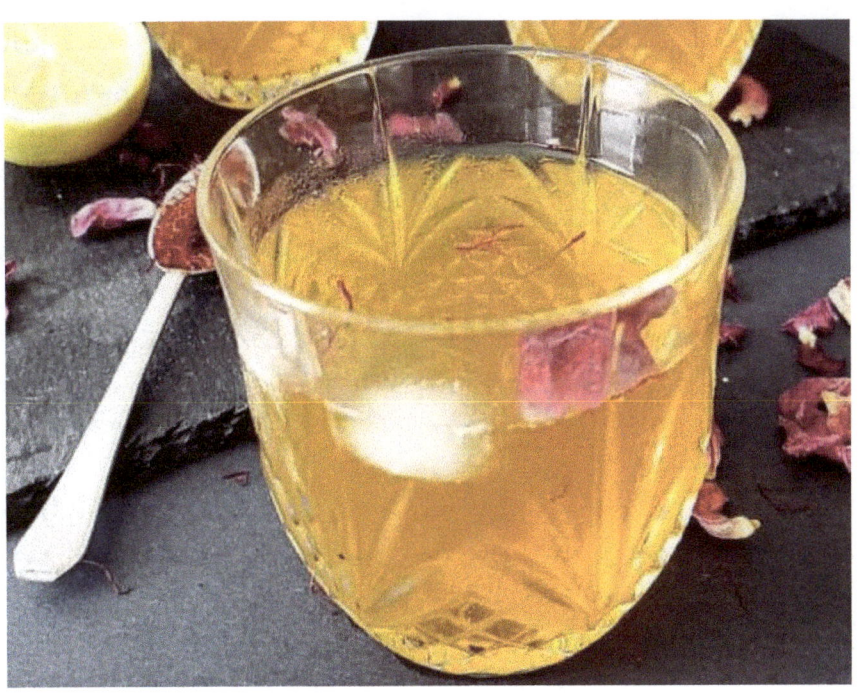

يجعل: 4

## مكونات
- 1 كوب عصير ليمون معصور طازج حوالي 3-4 ليمون
- 1 كوب سكر قابل للتعديل حسب الذوق
- ¼ ملعقة صغيرة من خيوط الزعفران
- 1 ملعقة كبيرة ماء ورد
- ⅛ ملعقة صغيرة من بذور الهال المهروسة
- قليل من الملح
- 5 أكواب ماء مقسمة: 1 كوب لشراب بسيط + 4 أكواب ليموناضة
- جليد

## تعليمات
### اصنع شراب السكر البسيط
a) يوضع السكر والزعفران وبذور الهيل المطحون والماء في قدر على نار متوسطة عالية. سخنيها حتى يذوب السكر تمامًا، حوالي 3 إلى 5 دقائق.

b) دعها تبرد. يضاف ماء الورد ورشة ملح. صب الشراب في برطمان زجاجي واحفظه في الثلاجة. من الأفضل تبريده تمامًا قبل صنع عصير الليمون.

### لصنع الليمون
c) لعمل دفعة كاملة من عصير الليمون ، املأ إبريقًا بـ 4 أكواب من الماء البارد والكثير من الثلج المجروش. نضيف عصير الليمون وشراب الزعفران المثلج البسيط. يقلب جيدًا حتى يتجانس. قدميها باردة.

d) لعمل حصص أصغر حجمًا ، أضف ملعقتين كبيرتين من عصير الليمون وشراب السكر بالزعفران إلى كوب من الماء المثلج.

e) تذوق وأضف المزيد من الشراب أو الماء لضبط المذاق. يتمتع!

## 96. قديم الزعفران

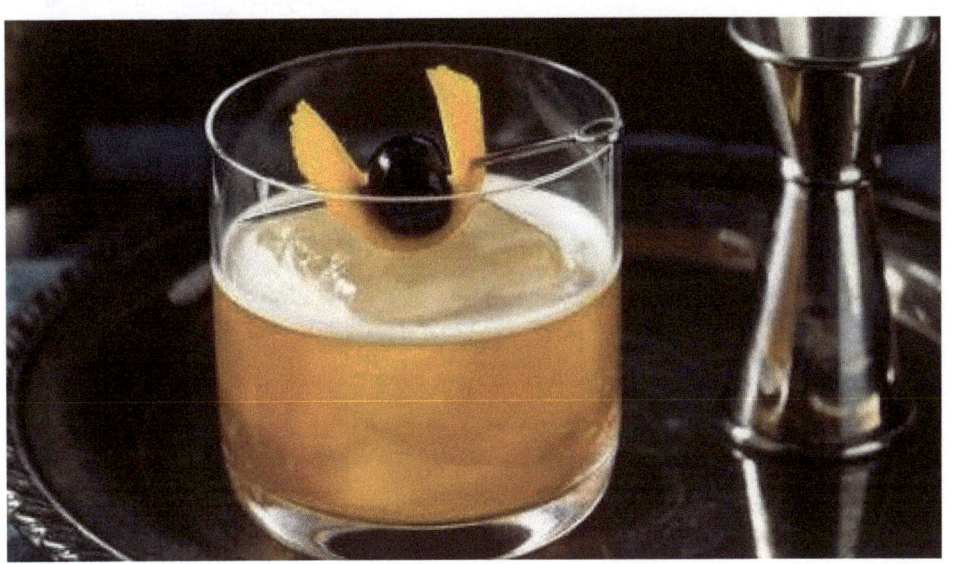

## مكونات

● 2 أوقية ويسكي الجاودار
● 2 شرطات من المرارة العطرية
● نصف أوقية من شراب الزعفران الرومي
● 1 قشر برتقال للتزيين
● 1 لوكسوروتشيري للتزيين

## تعليمات

a) أضف شراب الزعفران البسيط والويسكي والمر إلى كوب قديم الطراز ثم قلّب برفق لمدة 20 ثانية.

b) أضف 1 إلى 2 مكعبات ثلج كبيرة وحركها عدة مرات حتى يبرد المشروب.

c) قم بلف قشر البرتقال فوق المشروب. مقبلات الشراب بالقشر والكرز.

## 97. منعش بالسماق والزعفران

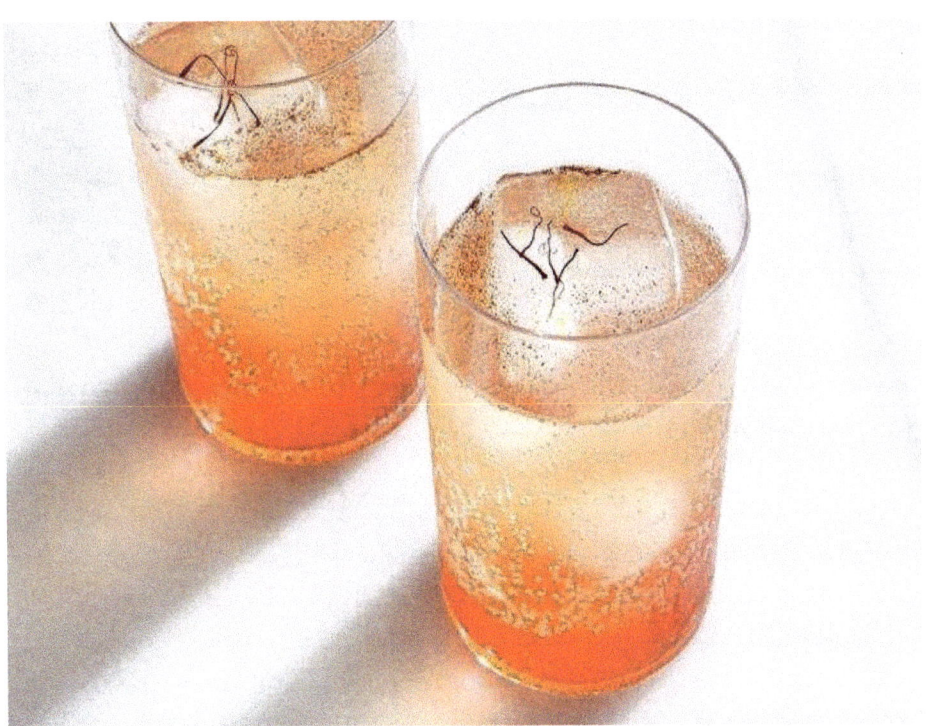

يجعل: 4

## مكونات

● 15 إلى 20 خصلة من الزعفران ، بالإضافة إلى عدد قليل من الخيوط الإضافية للتزيين
● نصف كوب (100 جم) سكر
● 3 حبات هيل أخضر مهروس
● نصف كوب (30 جم) سماق مطحون
● 3 أكواب (700 مل) ماء أو صودا مبردة

## تعليمات

a) طحن الزعفران مع 2 ملعقة كبيرة. من السكر إلى مسحوق ناعم باستخدام الهاون والمدقة.

b) في قدر متوسطة الحجم على نار متوسطة ، اخلطي كوبًا واحدًا (240 مل) من الماء والسكر والهيل ومسحوق الزعفران واتركيه على نار هادئة مع التحريك حتى يذوب السكر. يرفع عن النار ويقلب في السماق. غطي القدر بغطاء واتركيه ينقع لمدة 30 دقيقة ، لا أكثر. صفي السائل من خلال مصفاة شبكية دقيقة فوق وعاء متوسط الحجم وبرديها قبل أن تصبح جاهزة للتقديم.

c) للتقديم ، املأ أربعة أكواب طويلة بالثلج. في إبريق كبير ، قلب الشراب مع المياه الغازية المبردة أو الماء. صب 1 كوب (120 مل) من المشروب في كل كوب. زين كل كوب ب 1 أو 2 من خيوط الزعفران. قم بتخزين أي بقايا في وعاء محكم في الثلاجة لمدة تصل إلى أسبوع واحد.

d) السماق غني بأحماض الستريك ، والماليك ، والطرطريك ، وأيضًا التانينات المرة. نقعها في الماء يذيب الأحماض الذائبة في الماء.

## 98. سفران شربتي (الزعفران المركز)

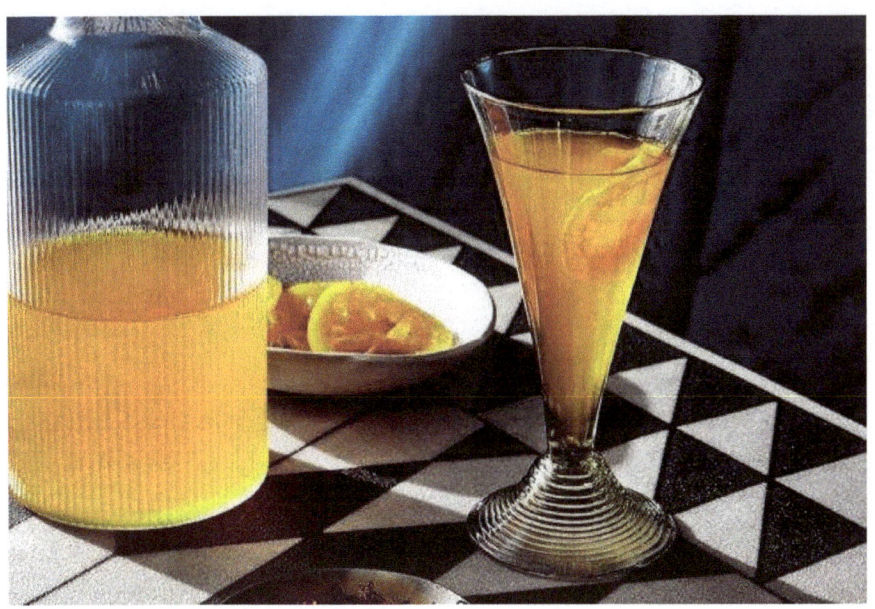

يجعل: 4

## مكونات

- 2 ملاعق صغيرة من السكر الحبيبي
- رشة زعفران (15 إلى 20 خصلة ، حوالي 4/1 ملعقة صغيرة)
- 4 4/1 أكواب ماء
- 2/1 ملعقة صغيرة من الزنجبيل المطحون
- 1 ليمونة ، مقطعة إلى شرائح رفيعة ، بالإضافة إلى المزيد للتقديم
- نصف كوب عسل

## تعليمات

a) سحق السكر والزعفران باستخدام الهاون والمدقة إلى مسحوق ناعم. اجلس جانبا.

b) يُغلى 4 4/1 أكواب من الماء والزنجبيل وشرائح الليمون في قدر متوسطة الحجم على نار عالية. تغلي لمدة دقيقتين ازالة من الحرارة. يقلب في خليط الزعفران. دعه يقف لمدة 10 دقائق. يضاف العسل. يغطى ويبرد لمدة 4 ساعات.

c) قدميها مبردة مع شرائح الليمون.

## 99. كوكتيل العسل والليمون والزعفران

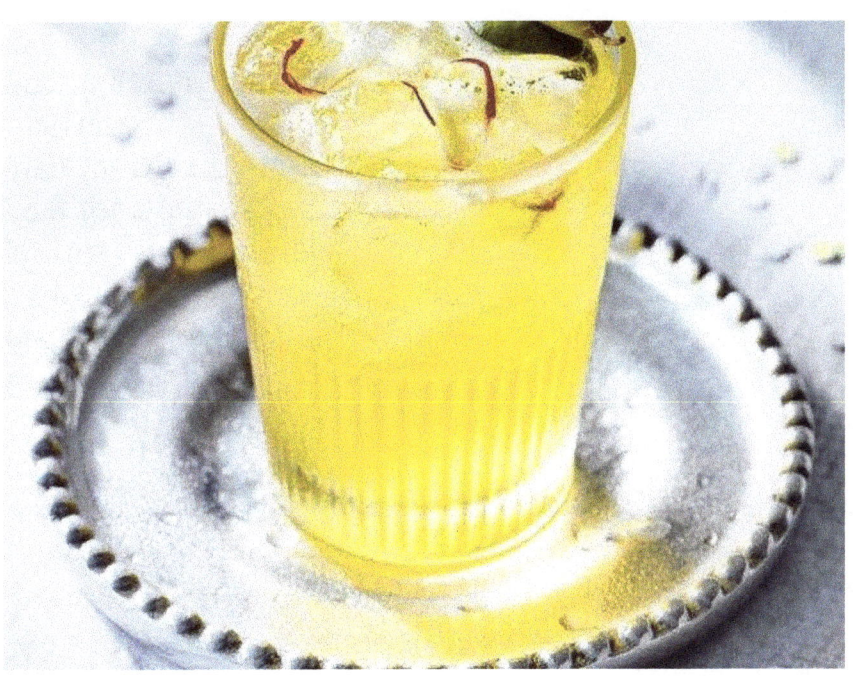

يجعل: 1

## مكونات
- 1 أونصة (45 مل) من محلج الأزهار
- 6 حبات زعفران
- 1 أونصة (30 مل) عسل
- 1 أونصة (30 مل) من عصير الليمون
- 1 كوب (250 مل) مكعبات ثلج
- نصف أوقية (15 مل) من التفاح الأبيض الخوخى الجاف
- 2 أونصة (60 مل) ماء فوار ليمون
- 2 زيتون اخضر

## تعليمات
a) في وعاء صغير ، اخلطي الجن والزعفران. يترك لمدة 20 دقيقة. صفيها في شاكر كوكتيل وضعي مدقات الزعفران جانبًا.

b) في وعاء زجاجي صغير ، سخني العسل وعصير الليمون في فرن الميكروويف لمدة 30 ثانية. قلبي حتى يذوب العسل. أضف مكعب ثلج ليبرد الخليط.

c) في شاكر الكوكتيل ، اخلطي بقوة الجن المنقوع بالزعفران مع خليط العسل ، الخمر و 1 / كوب (180 مل) من مكعبات الثلج.

d) ضع مكعبات الثلج المتبقية في كوب بوسطن شاكر. صفي خليط الجن في الزجاج. اشحن بالمياه الفوارة.

e) تُزين بثلاث من مدقات الزعفران المحفوظة.

f) قم بربط الزيتون في عصير كوكتيل وضعه في الزجاج.

## 100. مشروب الزعفران ببذور الشيا وماء الورد

يصنع: 6 حصص

## مكونات

- 3 ملاعق مائدة من بذور الشيا
- 5 ملاعق كبيرة عسل
- 1500 مل ماء فاتر
- 4 ملاعق طعام من ماء الورد
- 1 ملعقة طعام من خلاصة زهر البرتقال
- رشة زعفران مذابة في 3 ملاعق صغيرة من الماء الساخن

## تعليمات

a) ضعي أولاً خيوط الزعفران في كوب واسكبي الماء الساخن في الكوب. قم بتغطية الكوب أثناء تحضير المشروب.

b) اخلطي العسل مع الماء الفاتر (وليس الساخن) في برطمان. أضيفي بذور الشيا وقلبي برفق. أضف ماء الورد وخلاصة زهر البرتقال. غطي البرطمان واتركيه مبردًا حتى يصبح ماء الزعفران جاهزًا لمدة ساعتين تقريبًا.

c) يُضاف ماء الزعفران إلى مشروب بذور الشيا ويُحرَّك ببطء. اتركها مغطاة بالثلاجة لمدة 6 ساعات أخرى.

d) بعد هذا الوقت ، يحتوي المشروب على ملمس هلامي جميل.

e) يتمتع!

# خاتمة

عادة ما يكون الزعفران آمنًا عندما يستخدم الناس كميات صغيرة في الطهي أو كشاي. كما أنها مليئة بمضادات الأكسدة. قبل تناول الزعفران ، تحقق مع مزودك للتأكد من أنه آمن لك.

القليل جدًا من هذه التوابل الصفراء المثيرة للشغب تقطع شوطًا طويلاً للغاية ، ومجرد كسور من جرامات الزعفران يمكن أن تضفي على مجموعة متنوعة من الأطباق طابعًا حيويًا ولذيذًا.

Ingram Content Group UK Ltd.
Milton Keynes UK
UKHW020623050623
422885UK00009B/88

9 781835 004555